如果世上不再有猫

世界から猫が消えたなら

川村元气 著
王蕴洁 译

长江出版传媒
长江文艺出版社

新出图证（鄂）字 03 号
图书在版编目（CIP）数据

如果世上不再有猫 /（日）川村元气著；王蕴洁译.
—武汉：长江文艺出版社，2014.11（2021.4重印）
ISBN 978-7-5354-7678-4

Ⅰ.①如… Ⅱ.①川… ②王… Ⅲ.①长篇小说-日本-现代 Ⅳ.①I313.45

中国版本图书馆 CIP 数据核字（2014）第236080号

著作权合同登记号 图字：17-2018-093

图书监制：俞根勇　　图书策划：薛纪雨
产品经理：靳　凌　　责任编辑：薛纪雨
版式设计：胡玉冰　　封面设计：吉冈雄太郎
责任印制：张　涛　　责任校对：朱　诺

出版：长江出版传媒 | 长江文艺出版社
地址：武汉市雄楚大街 268 号　　邮编：430070
发行：长江文艺出版社
北京时代华语国际传媒股份有限公司（电话：010-83670231）
http：//www.cjlap.com
印刷：唐山富达印务有限公司

开本：787毫米 ×1092 毫米　1/32　　印张：7
版次：2014 年11月第 1 版　　2021年4月第16次印刷
字数：110千字

定价：42.00 元

如果猫从世上消失了，你能看见自己内心的黑洞吗?

如果猫突然从这个世界消失，

这个世界会如何变化？我的人生会如何改变？

如果我从这个世界消失，

这个世界是否毫无改变，像往常一样迎接明天的来临？

也许你觉得这种幻想很荒唐，

但是，相信我，

接下来的故事，是连续七天发生在我身上的事，

那是非常不可思议的七天。

我很快就要死了。

为什么会这样?

我接下来会交代整件事的来龙去脉,

这将会是一封很长的信，希望你耐心看到最后。

这是我第一次、也是最后一次写给你的信,

没错，这是我的遗书。

目录 >>>

目录

星期一 >>>

星期一

魔鬼找上门

在死之前，我凑不满十件想做的事。

这是我以前看过的一部电影中的情节。男主角临死之前，写下了十件想做的事。

那根本是骗人的。

不，不能说是骗人，至少那份清单上所写的，并不是什么了不起的事。

什么？你问我为什么这么想？

因为，该怎么说呢，反正我也试了一下。虽然说出来有点丢脸，总之，我也试了“在死之前想做的十件事”。

那是七天前发生的事。

我感冒了很久，迟迟不见好转，但每天照常上班当邮差送信。这一阵子的低烧持续不退，头部右侧隐隐作痛。我吃了市售的成药撑了一阵子（你也知道，我超讨厌看医生），两个星期之后，感冒仍然没好，我才终于决定去医院。

检查结果发现，并不是感冒。

脑肿瘤，第四期。

这是医生告诉我的诊断结果。我最多只能活半年，但没人能够保证一个星期后，我还能够活在世上。虽然医生提议我可以接受放射线治疗、抗癌剂治疗、进安宁病房等各种选择，但我完全听不进去。

小时候，我在暑假期间常去游泳池。扑通一声，跳进凉冰冰的蓝色游泳池。嘴里吐着泡泡，身体沉入水中。

“要先热身啊。”

我听到老妈说话的声音，但是，在水中听到的声音很模糊，听不清楚。如今，遗忘已久的“声音记忆”突然在耳边苏醒。

漫长的诊察结束了——

医生的话音刚落，我把皮包丢在地上，跌跌撞撞地冲了出去。我不理会医生叫我的声音，大喊着“啊啊啊啊！”冲出医院，撞到了刚好经过的人，不小心跌倒，又踉踉跄跄地站了起来，手脚都不争气地发着抖，我跑啊跑，跑啊跑，跑到桥下，已经动弹不得，趴在地上呜咽起来……以上情节纯属虚构。

没想到人遇到这种情况时，竟然冷静得出人意料。

我最先想到的是，附近常去的那家按摩店的集点卡，只要再盖一个章，就可以兑换一张免费按摩券，还有不久前才刚买了卫生纸和洗碗精。满脑子都是一些无关紧要的事。

但是，悲伤渐渐涌上心头。

我才三十岁，虽然比吉他之神吉米·亨德里克斯或涂鸦艺术家巴斯基亚活得久，但总觉得还有未竟之事。我相信一定有某些只有我能够为这个世界而做的事。

想了半天，仍然想不到有什么事非我不可。我继续呆然地走在路上，看到两个年轻人在车站前，弹着原声吉他放声高歌。

人生终将结束，在最后的日子来临之前，

做想做的事，完成所有该做的事，

迎接明天的到来。

我终于见识了什么叫缺乏想象力，你们就一辈子在车站前唱歌吧。

我心烦得要命，更不知道该怎么办，花了很长时间，慢慢走回公寓，咚咚咚地大声走上楼梯，打开木板很薄的门，看到狭小的房间时，绝望才终于浮上心头。前方一片漆黑，我倒在地上。

不知道过了几个小时，我在玄关醒来。

一团黑、白、灰色交织在一起的圆形物体出现在眼前。那个物体发出“喵啊”的叫声。我的双眼终于聚焦。是猫。

它是我的爱猫，和我相依为命了四年。

猫走到我身旁，又担心地“喵啊”了一声。原来我还没死。我坐了起来。头很痛，烧仍然没有退。即将到来的死亡似乎是现实。

“幸会幸会！”

房间内传来一个开朗的声音。

向屋内一看，发现我在房间里。

不，我在这里，所以，正确地说，是另一个和我长得一模一样的人站在那里。

分身。我立刻想起这个字眼。以前看过一本书，据说人在临死之前，会看到“另一个自己”。难道我终于发疯了吗？还是阎罗王已经派人来索命了？我快要昏过去了，但还是咬着牙，努力面对眼前的状况。

“呃……请问你是哪一位？”

“你觉得我是谁呢？”

“嗯……死神吗？”

“差一点！”

“差一点？”

“我是魔鬼！”

“魔鬼？”

“没错，我是魔鬼！”

魔鬼就这样（随随便便地）出现了。

你见过魔鬼吗？

我见过。

真正的魔鬼并不是青面獠牙，也没有尖尾巴，手上更绝对不会拿长枪。

魔鬼和我长得一模一样。分身其实就是魔鬼！

虽然眼前的状况令人难以轻易接受，但我还是决定用宽容的态度，接受这个搞不懂为什么一脸开朗地出现在我面前的魔鬼。

仔细观察后，发现虽然魔鬼的长相、体型和我一模一样，但它的打扮和我大不相同。我的衣服非白即黑，通常都是黑色长裤配白衬衫，外加一件黑色开襟衫，是一个彻底贯彻黑白色调的人，老妈以前就经常骂我："整天都买一样的衣服"，但每次去血拼，还是会拿起类似的衣服。

魔鬼的衣着很花哨，黄色阿罗哈衬衫上印着椰子树和进口车，下面穿一条短裤，头上还挂了一副墨镜。外面的天气还很冷，它居然一身夏天的打扮。

我有一种说不出的浮躁，魔鬼一派轻松地开了口。

“所以，你有什么打算？”

“啊？”

“你不是活不久了吗？”

“噢，是啊。”

“你有什么打算呢？”

“这个嘛，我打算先想一下‘在死之前想做的十件事’。”

“就像那部电影一样？”

“嗯，差不多啦。”

“你确定要做这么丢脸的事？”

“不行噢……”

“也不是啦，很多人做这种事，决心要在临死之前，完成所有想做的事。每个人都会经历这个阶段……反正不会有第二次！”

魔鬼独自狂笑起来。

“一点儿都不好笑……”

“啊，啊，是啊，不好笑！心动不如行动，你就赶快列清单吧！”

于是，我开始在A4影印纸上写“在死之前想做的十件事”。

我都快死了，却在做这种事。我很难过，觉得自己愚蠢之至，在写的时候，脑筋一片混乱。

但我还是闪躲着探头偷看的魔鬼，不顾爱猫踩了好几次我的纸（我家的猫和世界上所有的猫一样，特别爱玩纸），总算写完了“在死之前想做的十件事”。

从喷射机跳伞。

攀登圣母峰。

开法拉利在德国的高速公路上狂飙。

吃满汉大餐。

穿钢弹机器人的装备。

在世界的中心呼喊爱情。

和风之谷公主娜乌西卡约会。

在转角处撞到手拿咖啡的美女，一见钟情。

在大雨中躲雨，遇到以前暗恋的学姊。

想谈恋爱……

“你写的都是什么东西啊？”

“唉，那个嘛。”

“你又不是国中生！连我都觉得丢脸，太离谱了。”

“……对不起。”

“第六个绝对是在恶搞。”

“我知道。”

“太离谱了。”

我觉得自己很逊，烦恼了半天，竟然只能写出这些内容，爱猫似乎也对我感到失望，对我不屑一顾。

我沮丧不已，魔鬼拍了拍我的肩膀说：

“嗯，不过，可以先完成第一项跳伞。你去领钱，马上去机场！”

两个小时后，我搭上了喷射机，在离地三千公尺的高空飞行。

“那就开始跳吧！”

魔鬼爽朗地一说，我就从空中跳了下来。

没错，这是我多年的梦想。眼前一片蓝天，庄严的云，一望无际的地平线。从高空看地面时，一定可以颠覆我的价值观，忘记日常的琐碎事，充分感受生活在这片大地的喜悦。

我曾经在哪本书上看过类似的描述，但是，完全不是这么一回事。

我在跳伞之前就感到厌烦，太高、太冷、太可怕了。为什么有人喜欢做这种事？我想做这种事吗？我在空中降落时，茫然地思考这个问题，再度感到前方一片漆黑。

当我再度醒来时，发现躺在自己的床上。

“喵啊。”听到猫的叫声，我再度睁开眼睛。坐起来时，脑袋仍然隐隐作痛。这一切果然不是梦。

“真是受不了你！”

阿罗哈（我决定在暗中这么叫魔鬼）在我旁边。

“给你添麻烦了。”

“真的差一点儿没命……不过，也没差啦，反正你本来就快死了！”

阿罗哈独自笑了起来。

我默默地抱着爱猫。爱猫柔软又温暖，浑身的毛很蓬松，虽然以往抱它时没什么感觉，此刻却觉得这就是生命。

“但是……在死之前，好像也没有什么特别想做的事。”

“是吗？”

“至少绝对没有十件事，而且，即使有，十之八九应该都是无足轻重的事。”

“也许吧。”

“对了，我说你啊……”

“我吗？”

“你为什么来这里？来这里有什么目的？”

阿罗哈收起刚才的笑容，诡异地笑了笑。

“你真的想听吗？那我就告诉你啰。”

“等、等一下。”

阿罗哈突然收起了脸上的笑容，我被它吓到了，有点手足无措，内心有一种不祥的预感。千万要小心谨慎。本能在内心大叫。

“怎么了？”阿罗哈问。

我慢慢深呼吸，先让心情平静下来。没问题，只是听他说话而已，应该不会有什么大问题。

“不，没事，请你告诉我。”

“不瞒你说……你明天就要死了。”

“什么！？”

“你明天就要死了。我就是来通知你这件事。”

我终于感到绝望。至今为止的人生中，我曾经感受过或大或小的绝望，原来眼前才是真正的绝望。彻底的无力感令我感到惊讶。

看到我呆然地说不出话，阿罗哈爽朗地开了口。

“你不要这么沮丧啊，亏我还特别为你准备了大好机会！”

“……大好机会？”

“你愿意就这样死吗？”

“不，如果有机会，我想活下去。”

阿罗哈立刻回答说：

“有一个方法。”

“方法？”

“或者说是魔法，总之，可以延长你的寿命。”

“真的吗？”

“但有一个条件，说白了，就是这个世界有必须遵守的原则。”

“什么意思？”

“有得就必有失。”

“……那我该怎么做？”

“并不是什么复杂的事，只要完成一场简单的交易就好。”

“交易？”

“没错。”

“什么交易？”

“让某样东西从这个世界消失，你就可以多活一天。”

我一时无法相信。

虽说我已经死到临头了，但我的脑筋并没有出问题。难道这就是所谓的“魔鬼的呢喃”吗？不，好像没这么简单，况且，阿罗哈有什么权限做这种事？

“你是不是在怀疑我有什么权限？”

“啊？没有，没有……”

这家伙真的是魔鬼吗？能够透视人心吗？

“透视人心根本是小事一桩，不管怎么说，我毕竟是魔鬼啊。”

“嗯……”

我沉默不语，阿罗哈又突然恢复了刚才的爽朗说了起来。

“嘿嘿！你是不是被吓到了？装严肃太累了，这太不像我的风格了。”

“怎么回事？怎么说变脸就变脸？”

“因为这件事很严肃，所以我想用魔鬼的态度说话，不管怎么说，我毕竟是魔鬼啊！”

“真的别闹了。”

“你以为真的要死了吗？那是开玩笑的，但交易是真的。”

“什么？是真的吗？”

“我把这场交易的来龙去脉告诉你，因为你好像完全不相信。”

然后，阿罗哈说了起来。

“你听过创世纪吗？”

“《圣经》中的吗？听过，但没看过。”

“是吗……如果你看过，说起来就简单多了。”

“对不起。”

“反正，简单地说，就是上帝花了七天创造了这个世界。”

“是噢……”

“咦？你不相信吗？真的啊，我是魔鬼，见证了这一切。”

它的语气太平淡了，根本不像是在谈论这么了不起的事。我决定姑且听它说下去。

“首先是第一天，世界一片漆黑。于是，上帝创造了光，区分了白天和黑夜。”

事情哪像它说的这么轻松啊。

“第二天，上帝创造了天；第三天，创造了大地。这就是天地创造！于是，有了大海，植物开始生长。”

“太伟大了。”

“没错！第四天创造了太阳和月亮，宇宙就诞生了！第五天创造了鱼和鸟，第六天创造了野兽和家畜。最后，上帝创造了和他很像的‘人类’，人类终于出现了！”

“天地创造、宇宙诞生，然后出现了人类。”

“你的总结能力很强！”

“第七天呢？”

“第七天是休假！上帝也要休息！”

“所以是星期天。”

“真厉害！你说对了。你不觉得很厉害吗？只花了七天就创造了一切，上帝太了不起了，简直太尊敬他了！”

我觉得上帝应该是超越尊敬的对象……先听下去再说。

“最先创造了亚当这个男人，但只有男人太孤单了。所以，就用男人的肋骨创造了名叫夏娃的女人。他们两个太闲了，所以，我就问上帝，可以诱惑他们吃苹果树上的苹果吗？”

“苹果？”

“对，他们住在伊甸园，可以吃任何东西，做任何事，而且长生不老，只有一件事不能做，就是不能吃‘善恶知识树’的果实——苹果。”

“原来是这样。”

“但我诱骗了他们，结果他们就吃了！”

“太过分了，果然是魔鬼。”

“是啊是啊，于是，亚当和夏娃就被赶出了伊甸园，人类不再长生不老，开始了发动战争、你争我夺的历史。”

“不愧是魔鬼。”

“其实也没什么厉害啦，于是，上帝就派了自己的儿子……耶稣到地球上，仍然无法促使人类反省，最后还杀了耶稣……”

“这我听过。”

“之后，人类又擅自创造了很多东西，创造了无数不知道到底有没有必要存在的东西。”

“原来如此。”

“所以，我向上帝提议，我降临到地球，让人类决定需要什么，不需要什么。我向上帝要求，只要人类愿意消除某样东西，就可以让他多活一天，上帝赋予我这种权力。我开始四处寻找交易的对象，到目前为止，和各种人做了交易，真的有各式各样的人，你是第一百零八个人！”

“一百零八个？”

“对！人数出乎意料地少吧？全世界只有一百零八人，所以，你是超级幸运儿！只要从这个世界消除一样东西，就可以多活一天，很划算吧？”

它的提议太唐突，所以我有点混乱。这件事未免太荒唐了，简直就像电视购物的周年庆活动，延续生命怎么可能这么简单？话说回来，不管我信不信，没理由不敢和它赌。反正我快死了，没什么好怕的，也没有任何损失。

我重新整理了目前的状况。

只要让某样东西从世界上消失，我就可以多活一天。

三十样东西可以交换一个月，三百六十五样可以交换一年。

这个交易太简单了，这个世界上充斥着垃圾和不必要的东西。像蛋包饭上的洋香菜、车站前发的广告面纸、厚厚的家电说明书，还有西瓜籽……只要稍微想一下，就可以想到一大堆不必要的东西。好好整理一下，绝对可以列出一两百万样随时可以消失的东西。

如果我原本可以活到七十岁，那么还有四十年。

只要让一万四千六百样东西消失，就可以活到原本的寿命；如果继续消除，搞不好可以活一百年、两百年。

阿罗哈说得没错，人类在数万年的时间内，创造了无数废物，即使让某些东西消失，也不会造成任何人的困扰，世界反而可以变得更简单，大家一定会感激我。

我目前做的邮差工作也在逐渐消失，搞不好十年后就不存在了。但是，仔细想一下就发现，这个世界上所有的东西都处于“可有可无”的边缘，搞不好人类本身也是如此。我们就是生活在这样乱七八糟的世界。

“好啊，那就消除啊，请你延长我的寿命。”

我同意和它交易。一旦决定之后，顿时涌现了勇气。

“哦！你终于答应了！”

阿罗哈似乎很高兴。

“是你说服我……算了。要消除什么？呃，先说第一个……墙上的污渍！”

“……”

“还有书架上的灰尘！”

“……”

“浴室磁砖上的霉菌！”

“……喂！我可不是清洁大叔！魔鬼不发威，你就把我当菩萨！”

“不行吗？”

“当然不行啊！要消除什么，得由我来决定！”

“怎么决定？”

“怎么决定……凭感觉！”

“感觉？”

“消除什么好呢……”

说完，阿罗哈开始打量我的房间。

千万别盯上那个公仔，那双限量的球鞋也不行。我很小家子气地在心里祈祷着，追随着阿罗哈的视线。

但仔细一想，这个交易可以让我延续生命，这可是魔鬼的交易，不可能轻易打发它。太阳？还是月亮？大海？

还是大地？真的要赌这么大吗？我终于发现问题的严重性时，阿罗哈的目光停在桌子上。

“这是什么？”

阿罗哈拿起那个小盒子。

它摇了摇，小盒子发出咔嗒咔嗒的声音。

“呃，这个是……蕈菇山。”

“蕈菇？”

“不是蕈菇，是蕈菇山。”

阿罗哈似乎无法理解，歪着头思考。

“那这个呢？”

它又拿起旁边另一个相同尺寸的小盒子。

它摇了摇，再度发出咔嗒咔嗒的声音。

“这是竹笋故乡。”

“竹笋？”

“不，不是竹笋，是竹笋故乡。”

“根本搞不清楚！”

“对不起，这些都是巧克力。”

“巧克力？”

“对，巧克力。”

蕈菇山和竹笋故乡都是几天前在商店街抽奖抽到的奖品，我回家就扔在桌子上。仔细一想，就觉得这两种巧克力的商品概念莫名其妙，难怪魔鬼也搞不清楚。

“原来是这样，我之前就听说日本人很迷巧克力，没想到竟然迷到这种程度。话说回来，为什么会是竹笋和蕈菇呢……？”

“的确……但我之前没想过。”

“那就让巧克力消失吗？”

“啊？”

“让巧克力从世界上消失啊！”

“就这么轻易决定吗？”

“因为是第一样啊。”

如果巧克力从世界上消失，这个世界会发生怎样的变化？

我不由地想象这个问题。

世界各国的巧克力迷一定会整天叹息、尖叫和悲伤，血糖值降低，不得不面对绝望的人生。

那些“二月十四日被害人”一定会喝彩欢呼。巧克力公司居心叵测地创造了情人节，至今为止，真不知道有多少男人因为这个讨厌的节日深受其苦（我也是其中之一）。

当巧克力从这个世界消失后，棉花糖或牛奶糖会取而代之吗？不，它们都没有那种实力，人类一定会研发新的糖果取代巧克力。

想到这里，我突然发现人类对饮食的欲望多么贪婪。

我身旁的爱猫正在吃我刚才给它的“猫饭”。不用说，猫当然吃猫饲料，但人类不一样，对“吃”这件事很讲究。

只有人类会花时间加工食物、调味、塑形、摆盘，巧克力这种食物正是最极致的表现。把果仁包进巧克力，点缀在饼干上，或是做成蕈菇、竹笋的形状，巧克力激发了人类对“吃”这件事的创作欲望，对“吃”这件事的贪婪欲望也促使了人类的进化。

但是，我觉得很幸运。

这个世界上，应该找不到任何一个笨蛋会说：“我今天愿意为了巧克力舍弃生命！”能够用巧克力交换生命太幸运了，世界上有太多这种程度的东西了，这么一来，只要让这些东西一一消失，我就可以一天一天活下去。

当我从和魔鬼之间的交易中发现隐约的希望时，阿罗哈开了口。

“这个好吃吗？”

阿罗哈依次看着蕈菇山和竹笋故乡问。

“还不错啊。”我回答。

“是噢……”

“你没吃过吗？”

“没吃过。”

“想吃的话，不必客气。”

“不，人类的食物不合我的胃口。该怎么说……整体的味道有点……”

“是噢……”

我很想问魔鬼，他平时吃什么，但还是努力克制了这个冲动。阿罗哈似乎输给了自己的好奇心，拿起蕈菇山，闻了闻味道，又从右到左细细打量，然后又闻了闻味道，小心翼翼地拿到嘴边。它用力闭上眼睛，放进了嘴里。

寂静。房间内只听到它咬碎蕈菇山巧克力的声音。

“怎么样？”

我战战兢兢地问，阿罗哈仍然闭着眼睛不说话。

“你怎么了？”

“呃……”

“你没事吧？”

“呃……”

“要不要帮你叫救护车？”

“呃……太好吃了！”

“啊？”

“未免太好吃了！实在太好吃了！真的要让它消失吗？不好吧，太可惜了。”

“是你说要让它消失的。”

“是啊，是没错啦。太失策了，没想到这么好吃，太可惜了。”

“但如果它不消失，我就会死吧？”

“是啊。”

“那就让它消失。”

“这是你的最终回答吗？”

阿罗哈皱着眉头，一脸难过地问。

“……最、最终回答啊。”

我忍不住有点同情它，但还是这么回答。

“那就，最后……”

阿罗哈突然叫了起来。

“怎、怎样？”

“我可以再吃一个吗？”

阿罗哈很没出息地哀求，它的眼中好像泛着泪光，可见它多爱巧克力。

它背着我偷偷把两三个蕈菇山巧克力放进嘴里，花了很长时间细细品尝后开了口。

“我觉得……还是不能让它消失。”

“什么？”

“不能让这么好吃的东西消失！”

“这……”

它说得倒简单，我可伤脑筋了。这可是攸关我性命的重大问题。

照理说，我已经接受了不久于人世的命运，但想到有可能多活几天，无论是多么荒唐的交易，仍然抱着一线希望。我原本告诉自己，死的时候干脆一点，心平气和，安详地死去。我做好了这样的打算，也认为自己可以做到。但是，死到临头时，就想要抓住救命稻草（魔鬼）。我在自己身上看到了人类龌龊的本性。

“那我怎么办？”

我忍不住哀求。

“咦？你开始怕死了吗？”

“那……当然啊，你可以凭自己的喜好，轻易决定什么东西消失，什么东西不要消失吗？”

“当然可以啊，我可是魔鬼啊。”

太扯了。我无言以对，阿罗哈继续说道：

“好了，好了，你不要这么难过嘛！我会马上、十万火急寻找其他替代的东西！”

说完，它以惊人的速度巡视房间，可以察觉到它很焦急地想要弥补自己犯下的疏失。

这个魔鬼的格局太小了。我冷眼旁观着，手机响了。是我工作的邮局打来的。一看时钟，已经过了上班时间。

打电话给我的是上司。虽然他对我迟到很不耐烦，但我昨天因为身体不适提早下班去医院，所以他也有点担心。

“没事，不会有问题，只是身体还很虚，所以要请一个星期的病假。”

我成功地请到了一个星期的假，立刻挂了电话。

“那个……”

“什么？”

“就是那个了。”

我回过神，发现阿罗哈指着我的手机。

“那个好像不需要。”

“什么？电话吗？”

“对，让它消失吧。”

阿罗哈笑了起来。

“怎么样？要不要用电话换多活一天？”

如果电话从这个世界消失，我会得到什么？又将失去什么？

我还无法充分发挥想象力，阿罗哈就靠了过来。

“怎么样？决定了吗？”

“啊？”

我想了一下。

用电话交换一天的生命。嗯，这笔交易值得吗？

“不赶快做决定，就要消失啰。”

“等、等一下！”

“二十秒……十五秒……十秒、九、八、七……”

“不要像将棋一样倒数计时！那就让它消失吧！让它消失吧！”

我回答道。虽然眼前无法判断，但现在没时间犹豫。

生命和电话，当然以生命为优先。

“最终答案吗？”

阿罗哈语气爽朗地问。

“……最、最终答案。”

我回答时很害臊。

“那我就让它消失啰。”

“啊！”

“怎么了？”

我想起还没打电话给父亲。

这也是无可奈何的事，老妈死了四年，我从来没有和父亲联络过，当然更没有见过面。偶尔听说他在邻町继续开钟表店维生，却从来没想过要去看他。只是既然知道自己离死期不远，不联络父亲似乎有点说不过去。

不知道是否感受到我的迟疑，阿罗哈一脸奸笑地说：

“我能理解，每个人都这样，一旦决定要消除，就会想很多。所以，我会附赠一个独家大优惠。”

“独家大优惠？”

“没错，就是可以最后一次使用即将消失的那样东西的权利。”

“原来如此。”

“所以，你现在可以使用一次电话，不管打给谁都没关系。”

听它这么一说，我又开始烦恼。

照理说，应该打给父亲，但想起他的脸，就忍不住想起四年前发生的事，事到如今，还能对他说什么。

我决定放弃给父亲打电话。

那要打给谁呢？最后一通电话要打给谁？

从小一起长大的好友K吗？

那家伙的确很好，只要双方都有时间，常一起玩。但自从认识他到现在，我们的聊天内容都是一些无关痛痒的事。

如果我突然对他说“我快死了”，或是说“电话马上就要消失了，这是最后一通电话”，他一定以为我脑筋出了问题。

“这个笑话是怎么来的？”

我才不要被他在电话中一直追问这个问题，浪费宝贵的最后一通电话。

所以，我立刻否决了好友K的方案！

那邮局的前辈W呢？

无论我遇到工作上的事，或是恋爱方面的问题，他都设身处地为我提供意见，就像我的哥哥。

但是，他正在上班，现在打电话给他，一定会造成他的困扰。

事到如今，我还在顾虑这种事，但随即又觉得W并不适合成为我打最后一通电话的对象。回想起来，我从来没有找他商量过什么重要的事，只是因为喝醉酒（我酒量超差，只要喝一杯啤酒就醉了）时，脑筋不清楚，误以为经常向他请教重要的事，我很怀疑他哪一件事深入说到了重点。我们只是以为彼此聊了重要的事，但其实并没有真正推心置腹。

哇噢噢噢。

没想到在最后的紧要关头，发生了最糟糕的情况。

我以惊人的速度浏览着手机里的通讯录，朋友的名字一个接着一个出现，随即又消失了，这些人的名字仿佛变成了符号，我的通讯录被无数看似和我有关，但其实毫无关系的人淹没了。

这是怎么回事？我在人生的最后关头，居然没有任何人值得打电话吗？我这个人就建立在这么淡薄的人际关系上吗？死到临头居然发现这件事，也未免太悲哀了。

我不希望阿罗哈察觉到我眼前的窘态，走出房间，坐在楼梯上。

我用力握着手机，一个电话号码闪过我的脑海。

是那个人的电话。

我早就忘了这个号码，但身体仍然记着。

我慢慢拨了手机上没有输入的这个号码。

几分钟后，当我打完电话回到房间，阿罗哈正在和猫玩，正确地说，是抱在一起在地上打滚。

“呜哈哈哈哈哈，别这样，呜哈哈！”

我不发一语地看着宛若一尾弹涂鱼的阿罗哈。

三分钟过去了。

“啊！”它终于察觉到我冷若冰霜的神色，有点害羞地坐了起来，然后转头看着我，露出冷酷的表情问：“……结束了吗？”

现在才假装严肃也没用！我很想呛它，但还是作罢了。不管怎么说，这家伙毕竟是魔鬼。

“对，结束了。”

“那就让它消失吧。”阿罗哈露出微笑，对我使了一个眼色（但它好像不会使眼色，只是把双眼用力闭了一下）。

这时，我发现手上的手机不见了。

“那就明天见啰。”

我只听到这个声音，抬头一看，魔鬼已经不见了。

“喵啊。”

只有爱猫的叫声寂寞地响起。

我要去见那个人，要去见刚才通电话的那个人。

我想着这件事，陷入了深眠。

于是，不可思议的七天拉开了序幕。

星期二

如果电话从世界消失

我的同居伙伴是猫。

它没有名字。

不，它有名字。

它叫高丽菜。

也许你已经忘了，所以，先来回顾一下关于这只猫的来历。

那是我五岁的时候。

一个下大雨的日子，老妈突然捡了一只猫回来。

那是丢在路旁的小猫，老妈去超市回家的路上，看到那只猫浑身淋得湿透，就捡回家了。猫放在装长野县萬苣的纸箱内，老妈看到之后，一边用毛巾擦拭着像落汤鸡，不，应该是落汤猫，一边说："就叫它莴苣吧。"

还记得吗？

老妈原本讨厌动物，一开始也不太敢碰莴苣，所以，有很长一段时间，都由我协助老妈一起照顾它。

老妈对猫过敏，喷嚏不断，眼泪、鼻涕直流地度过了第一个月，但仍然没有把小猫送人。

"因为它选择了我。"

老妈说着，用毛巾擦拭着满是分不清眼泪还是鼻涕的脸，继续把莴苣养在家里。

一个月后的某一天，老妈对猫的过敏症突然消失了。也许是奇迹，也许只是身体适应了。总之，老妈突然有一天摆脱了喷嚏、眼泪和鼻涕。

我至今仍然经常想起那一天，莴苣依偎在老妈身旁，片刻不离。

"想要有所得，就必有所失。"

老妈说，这是理所当然的道理，但人类往往不愿意失去任何东西，就试图有所得。这还不算是最糟的，如今有很多人不想失去任何东西，却想要得到一切，这根本和抢夺没什么两样。有人有所得，必定有人会失去；一个人的幸福，必定建立在另一个人不幸的基础上。老妈经常告诉我这些世界的游戏规则。

莴苣活了十一年，但不幸长了肿瘤，越来越虚弱，越来越瘦，最后几乎整天躺着不动，终于静静地离开了人世。

老妈原本很开朗，很喜欢下厨和洗衣服，也很健谈，从莴苣死的那天开始就几乎不动弹，不再下厨，不再洗衣服，什么都不动。她躲在家里，整天以泪洗面。于是，我只好帮忙洗衣服，每到吃饭时间，就带老妈出门，去附近的芳邻餐厅用餐。

还记得吗？那时候，我们把那家芳邻餐厅的所有菜品都吃遍了。

莴苣离开刚好满一个月的那天。

老妈突然又捡回来一只小猫，好像之前什么事都没发生过。

那只小猫长得和莴苣很像，圆滚滚的身体，白、黑、灰三种颜色混合得很漂亮。因为实在太像了，所以就取名为高丽菜。

看到小猫蜷缩成一团的样子，老妈笑着说：“真的像高丽菜一样。”那是我一个月以来，第一次看到老妈的笑容。

看到老妈的笑容，我忍不住哭了。

不，不能算是哭，正确地说，是泪水就这样顺着脸颊滑下来。老妈曾经离我很遥远，我一直惴惴不安，生怕老妈可能无法再回来了。

但是，四年前，老妈真的离我而去了。

“不知道是不是缘分，我居然和莴苣生了同样的病。”

老妈笑着说。

老妈和莴苣一样越来越瘦，到了晚期，几乎都躺在病床上，然后静静地死去。

“请你好好照顾高丽菜。”

老妈交代我。

我万万没有想到会发生眼前的状况。

我居然将比高丽菜早离开人世。相信老妈得知眼前的状况，也会无可奈何，搞不好她会骂我：“早知如此，我就托付给别人照顾了。”

当我醒来时，已经是早晨了。

难得梦见了老妈。

高丽菜靠了过来，叫了一声“喵啊”。我抱起它柔软的身体，感受它的蓬松和温柔。我还活着。

没错，我用电话换来一天的生命。

昨天发生的事到底有几分真实？可能全都是现实，也可能统统都是梦，但是，平时向来放在桌上的手机不见了，持续多日的发烧也终于退了，连头也不痛了。这么看来，和魔鬼的交易可能真有其事。

电话从这个世界消失了。

仔细想一想，电话（尤其是手机！）是我最想消除的东西。

尤其是最近，早晨一醒来到睡觉之前，都在玩手机。醒着的时候，有一半的时间都很在意手机，阅读书籍的量大为减少，也不再看报纸，很多想看的电影也都没看。

搭电车时，几乎每个人都变成了低头族。即使在看电影、吃饭时，也惦记着手机。一到午休时间，第一件事就是拿出手机。和高丽菜在一起时，也常常拿着手机，不陪它玩，我厌恶沦为手机奴隶的自己。

手机在问世后短短二十年，就支配了人类。即使消失也无所谓的东西，在短短二十年后，仿佛变成了不可或缺的东西一般支配着人类。人类发明了手机的同时，也发明了没有手机的不安。

话说回来，书信出现时，情况搞不好也差不多。网络也一样。人类每创造一样东西，就会有所失去。从这个角度思考，似乎能够理解上帝同意接受魔鬼提议的意义。

你问我最后一通电话打给谁？

虽然我不太想说……但还是告诉你吧。

是初恋情人，是我第一次结交的女朋友。

不要骂我娘娘腔，大部分男人在临死之前，不是都会想起自己的初恋情人吗？所以，我也和其他人一样，只是普通的男人。

我在朝阳下缓缓站了起来，听着收音机准备早餐。泡了咖啡，煎一个荷包蛋，烤一片吐司，把番茄切片后放在装了土司的盘子里。吃完早餐后，喝着第二杯咖啡，悠然地看书。没有电话的生活太美好了，好像时间突然拉长，空间突然变宽了。

将近中午。

我合起书本，走向浴室，洗了一个热水澡，穿着整齐叠好后放在榻榻米上的衣服（如前面所说，是黑色和白色），走出了家门。我现在就要去见她。

出门后，我先去了平时常去的美发沙龙。我很清楚，已经死到临头，还跑去剪头发的状况的确很不寻常，但我不想在旧情人面前太邋遢，所以请你不要嘲笑我的男人心。

剪完头发，又顺便去对面眼镜行配了一副新的眼镜，才走向附近的车站。一辆绿色有轨电车刚好进站，我跳上了车。

由于是非假日的上午，电车内拥满乘客。平时搭电车时，座位上的所有乘客都会玩手机，今天的情况完全不同，乘客不是在看书，就是在听音乐，或是欣赏窗外的风景，享受各自的自由时光，脸上的表情似乎也比平时开朗。

为什么大家在看手机时，总是露出那种严肃而不幸的表情？我忍不住再度思考这个问题，看到电车内详和的气氛，我觉得不光是自己得到了生命，更为这个世界做了一件美好的事。

但是，这到底是怎样的机制？电话真的从这个世界消失了吗？

看向车窗外，商店街角落的荞麦面店（我知道高丽菜经常溜出家门，面店的人都会给它吃小鱼干）广告牌上，一如往常地写着电话号码。

我巡视电车内的广告，看到电讯公司的海报挤在其他广告中，但车内没有人看手机。这到底是怎么回事?

我突然想起哆啦A梦。瓢虫漫画第四卷。

哆啦A梦有一个名叫“石头帽”的秘密道具。

故事是这样的：

大雄整天被爸爸妈妈骂，他向哆啦A梦哭诉：“真希望没有人注意到我”、“我希望大家都不理我”。于是，哆啦A梦就变出了“石头帽”这个道具。

哆啦A梦说：“只要戴上这顶帽子，就会像路旁的石头一样，别人都不会多看一眼”。也就是说，物质虽然存在，肉眼也可以看见，只是别人并不会注意。

大雄兴奋地戴上帽子，对好一阵子都没人理他的状态乐在其中，之后渐渐感到寂寞（不愧是大雄），却没法把帽子拿下来，他忍不住哭了起来（这也很有大雄的风格）。帽子被泪水泡烂了，终于拿了下来，爸爸和妈妈终于注意到他。最后，大雄说：“还是被别人注意比较好”，故事就结束了。

扯远了，但我推测，阿罗哈建立的机制应该和“石头帽”一样。也就是说，电话并没有从这个世界消失，只是谁都没有发现它的存在，谁都没有在意，处于一种集体催眠状态。阿罗哈简直就和哆啦A梦差不多嘛。

电话经过漫长的岁月，将会渐渐消失。就像路旁的石头一样越来越不被人察觉，但确确实实会逐渐消失。

虽然不知道阿罗哈之前找到的一百零七人消除了什么，但确确实实消除了某些东西，只是我们没有察觉而已，那种感觉，就好像自己喜欢的杯子，或是刚买不久的袜子突然找不到了。

无论怎么找，就是找不到。绝对不可能遗失的东西竟然不见了，也许在不为我们所知的地方，经常发生这种事。

绿色有轨电车经过两个坡道后，来到了邻町。

我在面对大广场的车站走下电车，前往约定的钟楼。

钟楼位于邻町中心的广场上，钟楼周围是圆环，车辆来来往往，圆环周围的圆形广场上有餐厅、书店和杂货店。大学时代，我经常和女朋友约在这里见面。

距离约定时间还有十五分钟。平时我都会打手机确认，但今天拿出放在口袋里的文库本，一边看书，一边等她。

约定的时间到了，但她没有出现。

三十分钟过去了，她仍然没有来。

真伤脑筋。

我忍不住伸手想拿手机。

没有。

我想起来了，手机消失了。

难道我搞错地方了？还是听错时间了？因为那时候正在和魔鬼做交易，所以心情很慌乱，很有可能搞错了。

“真不方便。”

我脱口说了这句话。好不容易因为摆脱电话变自由了，却不由地觉得电话是必需品。我不知如何是好，只能浑身发着抖，继续等在钟楼下。

以前我也常常说“真不方便”这句话。大学时代，我和她交往时，时常说这句话。

她来自大都市，到这个乡下地方读大学。

她是哲学系的女生。

她一个人住，家里有电风扇、一台小型取暖器，和很多书。

那时候，大家都用手机，但她没有手机。不，正确地说，是她不想有手机。

“需要这个吗？”

她经常这么问我。

我告诉她，有手机很方便，“是吗？”她仍然完全不想有手机。

所以，她打电话给我时，都用公用电话。当看到手机屏幕上出现“公用电话”几个字时，总是令我幸福得想要飞起来。我急忙接起电话（不管是在上课，还是在打工），和她说话。

最糟糕的是错过了她的电话时，只能咬牙切齿地看着来电记录。即使回拨，也只能打到公用电话。那时候，我经常做恶梦，梦见无人的电话亭中，公用电话响个不停。

不久之后，我每晚抱着电话睡觉，担心错过她打来的电话。抱着手机睡觉时，觉得手机的温度好像她的体温，每天都睡得很熟。

交往后半年，不知道她是否终于被我说服了，家里终于有了一台黑色电话。

“黑色电话的话机不用钱。”

我曾经打那个黑色电话很多次，久而久之，就记住了这个号码。

说起来不可思议，我目前手机中存储的所有电话号码，统统都记不住，无论好友的电话，还是上司的电话，甚至父亲的电话都记不住，我把自己的人际关系和记忆完全交给手机。这么一想，就不由地感到害怕。

也许这才是我昨天打电话给她的真正原因，想象着自己记忆的号码时，她的电话很自然地浮现在脑海。我在最后关头，想要依赖的还是自己所记住的号码。

但是，我们分手已经七年，搞不好她已经搬家了。我在听到电话彼端的铃声时这么想。两次、三次、四次，在铃声响第六次时，她接起了电话。我还没把“好久不见”这句话说完，就对她说：“我想见你。”

我有很多事要问她。

她在本地的电影院上班，第二天刚好是她的休假日。

我对这个巧合心存感激，和她约定见面。

“那就明天见。”

她在挂电话前说这句话的声音和大学时代完全一样，我好像突然被带回了七年前。

一个小时过去了，寒冷几乎让我的双脚和石板地面粘在一起时，她一路小跑地出现了。

她和七年前完全一样。无论衣服还是跑起来的样子都一样，唯一的不同，就是她把一头齐肩长发剪短了。

她看到脸色苍白的我，担心地问：

“你怎么了？没事吧？”

她的第一句话不是说“最近好吗？”，也不是“好久不见”，竟然是“没事吧？”未免太悲哀了。一问才知道，我果然听错了约定的时间，提早到了一个小时。

“真不方便。”我说。

“会吗？”她笑着回答。

“我可能很快就死了。”

我和她一起走进咖啡店，在喝热咖啡时，告诉她目前的情况。

她沉默片刻，慢慢喝着可可亚，然后抬头看着我说：

“噢，是这样噢。”

她的反应太平淡，我不禁愕然。

在我的想象中，她的反应有三种可能——

梅：“为什么？发生什么事了？”

竹：“如果我可以为你做什么，你尽管说。”

松：“呜呜呜（不发一语，一个劲儿地呜咽）。”

没想到，她的回答比最低等级的梅级反应还不如，说句心里话，我内心超受打击。

但回想一下，医生向我宣告死期时，我也很平静。既然自己没有真实感，别人当然也不可能惊讶、失望或悲叹，但我的行为就像用“这部电影超感人！”之类廉价宣传词推销的劣质电影，强迫她接受我的死亡。

为什么人会期待他人做自己都无法做到的事？我希望她有什么反应？希望她惊讶？还是希望她流泪？现在回想起来，也搞不太清楚自己当时的想法。

但是，我不能轻言放弃，必须向她确认我至今为止的生存意义和生命价值，所以最后一通电话才会打给她。

“怎么这么突然？”

“因为，我得了癌症……”

“是噢……真伤脑筋。但你完全没有难过的样子。搞不好人在死到临头时，都这么平静。”

我当然不可能说，魔鬼延长了我的寿命。这种话怎么说得出口？这个世界上，没有任何一个男人愿意在临死之前，让自己的初恋情人觉得自己疯了。而且，这不是我想和她讨论的重点。

“所以呢，”

“什么？”

“既然自己可能不久于人世，所以就想了解和确认一下关于自己的事。”

“是这样噢。”

“说白了，就是自己活到今天的意义。”

“果然会在意这种事。”

“当然在意啊，所以，我想知道你所记得的有关我们之间的回忆，任何琐碎的事都没有关系。”

我一口气说完这些话，喝完杯中已经冷掉的咖啡。

她“嗯”了几声，又小声地说，“既然是这样，应该提前告诉我嘛”，然后开始思考。我觉得坐立难安，去厕所耗了很长时间，才回到座位。

“上厕所的次数……”

“啊？”

“很频繁。”

她一开口就提了这件事。

“明明是男人，上厕所的时间特别长。”

这是怎么回事？为什么突然提这些？

而且，她以前从来没有说过这些话，但仔细一想，我上厕所的确很频繁，时间也很长。每次去厕所，都会忍不住想一些事，好像踏进了不同的世界，所以就慢吞吞地上厕所，慢吞吞地洗手。她很少上厕所，即使一起去厕所，每次都是她在厕所外面等我。

“还有，经常叹气，我每次都忍不住想，这个人到底对人生有多烦恼啊？”

“是这样……噢！”

“酒量完全不行。”

“对不起……”

“对了对了，还有明明是个男人，每次去餐厅，都不知道要点什么，而且每次最后都点咖喱。只要我一生气，你就很沮丧，而且迟迟无法振作起来。”

她一口气说完这些话，心满意足地慢慢喝起可可亚。

呜呜，这就是我在人生最后听到的话吗？我的生存意义呢？我的生命价值呢？

太无情了。对曾经爱过的男人的回忆就只有这些吗？不，这并不是无情，她只是和世界上所有的女人一样，对旧情人严厉而没有感情而已。一定是这样。我这么告诉自己。

“啊，还有，打电话时可以聊很多话，见面时就完全不说话了。”

也许她说得有道理。

那时候，我们经常可以用电话聊两三个小时，虽然去她家骑脚踏车只要三十分钟，有时候我们用电话聊了五个小时，忍不住笑着说：“早知道应该见面聊的。”

其实这句话并不正确，因为我们见了面之后，就几乎很少说话。通电话时，虽然空间距离比较远，但心理距离很近，这种距离感让我们有话可说，为平淡的谈话内容增加了色彩。

问题是她对我的评价未免太低了。我都已经死到临头了，就不能说点好话安慰我吗？虽然我沮丧不已，但还是追问她："不过，我是说，既然我这么差劲，你居然还和我交往了三年半。"

"对啊！但是……"

"但是？"

"我喜欢和你在电话里聊天，即使是平淡无奇的音乐或是小说，从你嘴里说出来，就好像可以改变这个世界。我喜欢这样的你，虽然见面时，你几乎都不说话。"

"我也一样，在电话中听到你谈论当天看的电影时，也会觉得世界不一样了。"

之后，我们也聊了很多无关紧要的事。

大学同学中原本最瘦的男生，现在变成了一百二十公斤的大胖子。最不起眼的女生毕业后马上结了婚，如今已经是四个孩子的妈了。

聊着聊着，天色渐渐暗了，于是，我送她回家。

她就住在她工作的电影院楼上的房间。

“你终于和电影结婚了。”我说。

“喂！别乱开玩笑。”她面带笑容地娇嗔道。

“你爸最近还好吗？”

我们慢慢走在石板路上，她开口问我。

“嗯……我也不太清楚。”

“原来你们还没有和好……”

“老妈死了之后，我就没见过他。”

“你妈之前常说，很希望你们父子可以和好。”

“我辜负了老妈的期待。”

我们交往半年左右，我曾经带她回家。

父亲在店里忙，老妈很中意她，拿零食招待她，请她在家里吃饭，然后又拿出一堆食物请她吃，不肯放她回去。“其实我原本想生个女儿。”老妈对她说。老妈只有哥哥和弟弟，莴苣和高丽菜也都是公的。

之后，老妈也经常背着我约她，两个人经常一起去逛街。

“你妈真的是一个很棒的人。”

她笑着说。

“是吗？”

“有时候会告诉我，哪里哪里开了一家新餐厅！然后就带我去，也教我怎么做菜，也会一起去美发沙龙。”

“美发沙龙！？我完全不知道。”

我和她分手三年后，老妈离开了人世。

她来参加葬礼时哭得浑身发抖，在葬礼结束之前，都一直抱着高丽菜。可能看到高丽菜不知所措地走来走去，感到于心不忍吧。

我们分手之后，老妈也经常对我说，她真是一个好女孩。看到她抱着高丽菜哭泣的样子，我似乎能够理解老妈说的意思。

“高丽菜还好吗？”

“它很好。”

“你有什么打算？如果你死了，谁来照顾它？”

“我打算托付给别人来照顾。”

“是吗？如果实在找不到人，通知我一声。”

“谢谢。”

电影院的灯光出现在陡坡下方，好久没来这家电影院了，不知道为什么，感觉好像变小了。以前我觉得这家电影院比别家更大、更色彩缤纷。

在钟楼等她时，我也有相同的感觉。房屋中介公司、餐厅、补习班和花店，除了超市重新改装以外，整体感觉并没有太大的变化，但我觉得熟悉的街道变小了，好像变成了迷你模型。不知道是街道缩小了，还是我的感觉扩大了。我告诉自己，应该两者都有。

“我问你啊……”

“什么？”

“我们到底为什么分手？”

“为什么突然问这个问题？”

“我想应该有什么明确的理由，但即使绞尽脑汁，也想不起决定性的理由。”

这是我打算今天问她的最后一个问题。

我们为什么会分手？

或许就是因为倦怠而已，但无论怎么想，都想不起决定性的理由。

“那你记得吗？”

她沉默片刻后，突然看着我问。

“什么？”

“你记得我喜欢的食物是什么吗？”

这个问题太突然了。十五秒的沉默。

“嗯，炸虾吗？”

“错！是玉蜀黍的天麸罗。”

只差一点儿。原来我搞错了天麸罗里裹的食物，但为什么会问这个问题？

她似乎没有察觉我内心的混乱，又继续问：

“那我喜欢的动物是什么？”

“呃？嗯……”

“日本猴。”

我还来不及开口附和，她又问了下一个问题。

“那我最喜欢喝的饮料呢？”

是什么呢？我想不起来。

“嗯……对不起，我投降。”

“可可亚。我刚才不是也喝了吗？你忘了？”

没错。我想起来了。她最喜欢吃玉蜀黍天麸罗，一到盛产季节，就必点不可，她经常告诉我，这是她在这个世界上最喜欢的食物；每次去动物园，她都站在日本猴聚集的猴子山旁不肯离开；无论冬天还是夏天，她都喝热可可。

我并没有忘记，只是无法想起，好像有一块重石压在心上，封闭了和她之间的记忆。

曾经有人说，人是为了记忆而遗忘，忘却是为了前进，但果真如此吗？在面对自己的死亡时，回想起来的都是一些芝麻小事，手机记忆的信息似乎更有意义。

“原来你忘了，但我并不意外。我们分手的理由也差不多，不值得记住。”

“是吗……？”

“如果要说的话，毕业旅行可能是分手的契机。”

“……布宜诺斯艾利斯吗？真怀念啊。”

那时候，我们几乎很少离开附近这一带。约会时，也像在玩大富翁游戏般，一直在附近打转，但我们从来不觉得无聊。

上完学校的课，我们相约在图书馆见面，去电影院看电影，然后走进常去的咖啡店聊天，去她家里做爱。有时候她会做好便当，我们搭登山车，去视野最好的地方野餐。对我们来说，这样就足够了。

现在回想起来，觉得有点难以置信，但这个城市的尺寸感觉，和我们两个人当时的感觉很吻合。

我们交往了三年半，只出国旅行了一次。

阿根廷的布宜诺斯艾利斯。

这是我们第一次，也是最后一次出国旅行。

当时，我们很迷恋香港电影导演以那个城市为舞台拍摄的电影，于是，决定利用学生时代最后的长假去那个城市旅游。

我们搭美国廉价航空公司的飞机（机舱内超冷，飞机餐吃起来好像黏土），转了好几班飞机，花了二十六个小时，终于抵达了布宜诺斯艾利斯。

我们在埃塞萨国际机场搭了可疑的出租车前往市中心，一冲进饭店房间，立刻倒在床上，却怎么也睡不着。明明累得像狗一样，但生理时钟仍然过着日本时间，无法入睡。那里是地球的另一侧。

于是，我们干脆不睡觉，起床在街上散步。

街上回响着班多钮手风琴的声音，舞者在石板路上跳着探戈。布宜诺斯艾利斯的天空很低，我们沿途欣赏着风景，前往瑞蔻雷塔贵族墓园。走在宛如迷宫般的墓园中，终于找到了艾薇塔的坟墓。在咖啡馆听着白发老吉他手弹奏的探戈乐曲吃午餐。

傍晚时，我们又搭巴士前往博卡。巴士开了三十分钟，穿越狭小的道路后，色彩缤纷的街道立刻出现在眼前。天蓝色、芥末黄、宝石绿和橙红色，各种糖果色的木造房子挤在一起，在夕阳下发光。我们漫步在宛如玩具城般的街道上。入夜之后，又去了圣特尔摩的探戈音乐餐厅“拉·贝他娜”，现场演奏的热情探戈带我们走进了异世界。

接下来的几天时间，我们好像中了邪似的走在布宜诺斯艾利斯的街头。

我们在住宿的廉价旅馆认识了汤姆。

虽然名叫汤姆，但他是日本人。

这名二十九岁的青年辞去广告公司的工作后，正在环游世界。

每天晚上，我们和汤姆一起去附近的超市买葡萄酒、肉、起司，在公共餐厅吃晚餐，喝酒聊天。

汤姆和我们分享世界各地的趣闻。印度蛮横的牛、西藏的小喇嘛、伊斯坦布尔的蓝色清真寺、赫尔辛基的白夜、在里斯本看到的无尽大海。

汤姆喝着酒，带着浓烈的醉意，仿佛在做梦般地侃侃而谈。

“这个世界上有很多残酷的事，但也同样有很多美丽的事物。”

整天在那个小镇打转的我们完全无法想象他这句话的含义，汤姆时笑时哭，也听着我们聊天。在地球的另一端，我们无止境地谈笑。

在我们即将回日本的那天，汤姆没有回旅馆。

我和她喝着葡萄酒，一直等他回来，但汤姆最后仍然没有回来。

翌日早晨，我们知道他死了。

在前往参观位于阿根廷和智利边境的耶稣铸像途中，他乘坐的巴士坠落了悬崖。

一切都没有真实感，好像在做梦，总觉得汤姆随时会拿着一瓶葡萄酒走进餐厅说：“来喝吧！”但是，汤姆终究没有回来，我们好像置身云端，一整天都没有真实感。

最后一天，我们去欣赏伊瓜苏瀑布。

从机场搭车三十分钟，又花了两个小时走到了“魔鬼的咽喉”，来到那部香港电影中出现的世界最宽瀑布的上方。

惊人的水流以壮观之势哗哗落下，让人感受到大自然无穷的威力。

当我回过神时，发现她在我身旁哭泣。

她放声大哭，但即使哭得再大声，也都被瀑布的声音淹没。

那一刻，我终于真切地感受到，汤姆已经死了，再也见不到他了，无法再和他聊天说笑、喝酒吃饭到深夜了。对我和她来说，这是有生以来第一次遭遇“真实的死亡”。

她在人类显得极度无力的地方哭泣不已。

我不知所措，呆然地看着白色混浊的水被吞入地球深处。

我们花了和去程相同的时间，从布宜诺斯艾利斯回到日本。

二十六小时。回程的路上，我们没有说一句话。

是因为在布宜诺斯艾利斯说太多话了吗？不，八成不是这样。那时候，我们找不到可以聊的话题，所以不是不说话，而是无话可说。

虽然近在眼前，却无法传达想法，无法开口交谈。

我很痛苦，但还是说不出话。

我们沿途都不发一语，花了二十六个小时，共同感受着结束的预感。

那种感觉很奇妙，就好像我们曾经共同拥有开始的预感，我们也同时感受到结束的预感。

我无法忍受漫长的沉默，只好在飞机上打开旅游书，看到一张雄伟山脉的照片。阿空加瓜山，是位于阿根廷和智利边境的南美洲的最高峰。我又继续往后翻，看到耸立在陡峭山上的耶稣铸像。不知道汤姆有没有看到耶稣铸像，还是在看到之前就命丧黄泉了？

我不由地想象着——

汤姆走下巴士，从山顶眺望着辽阔的大地。回头一看，背后有一个巨大的十字阴影。汤姆抬头仰望，巨大的耶稣铸像张开双手站在那里。汤姆眯着眼睛，欣赏着背朝着太阳，发出美丽光芒的铸像。

泪水夺眶而出。我无法克制内心的情绪，从机舱窗看向窗外。

窗外是一片冰雪覆盖的无垠大海，在夕阳照射下，染成一片紫色的冰河，美得有点残酷。

我们花了二十六个小时，回到了宛如大富翁游戏城般的城市。

“明天见。”

她像往常一样向我道别，走向车站外的下坡道，我目送着她挺直的背影远去。

隔周，我们就分手了，在电话中聊了五分钟就分手了，简直就像在公家单位办手续一样，用几句公事化的谈话结束了这段感情。我曾经和她通电话超过一千个小时，我们只花五分钟的时间，就结束了借由一千个小时的通话累积起来的关系。

我们借由通电话，得到了可以立刻联络对方的方便性，却失去了思念、想象对方的时间，电话剥夺、蒸发了我们累积思念的时间。

每个月都会收到手机的账单，通话时间二十小时，账单金额为一万两千日元。

我们的谈话具有和这些金钱相同的价值吗？每一句话值多少钱？

电话可以让我们连续聊好几个小时，但就连电话也无法再把我们联结在一起。当我们来到大富翁游戏城外面的世界，终于发现，我们之间的关系只靠大富翁的游戏规则来维系。

我们之间早就没有了恋啊爱啊之类的感情，只是在固定的游戏规则中，继续玩这场游戏而已。在布宜诺斯艾利斯的那几天，我们立刻发现了这种游戏规则毫无意义。

但是，在我的内心留下了小小的伤痛。

如果那时候……

至今我仍然在想这个问题。

如果那时候，我们搭的飞机上有电话，

也许我们就不会分手。

也许我们会舍弃大富翁，开始新的游戏。

我想象着在飞机中的二十六小时。

上帝借电话给我们，

我打电话给她，打给坐在身旁的她。

你正在想什么？

此刻的你正在想什么?

好难过。

好寂寞。

我在想你。

我也在想你。

接下来有什么打算?

有什么打算呢?

我想赶快回家。

我也是。

回家做什么?

回家做什么好呢?

要不要住在一起?

也许是个好主意。

在家里喝咖啡吧。

那我要喝可可亚。

只要有电话，我们就可以交谈。

即使是二十六小时，我们也可以不停地交谈。

即使是无关紧要的内容也无妨，只要把心意传达给对方，只要能够了解对方的心意就好，也许我们可以建立新的游戏规则。

只要有电话，就可以搞定一切，只可惜，飞机上没有电话。

“明天见。”

她在车站向我道别，我至今仍然不时想起她说这句话时的微笑，她的微笑变成心脏右端的小伤痛，雨天的时候，宛如旧伤般探出头。

仔细想一下，发现我的内心有很多这样的小伤痛。人们称这种伤痛为后悔。

“今天……”她突然开了口，把我拉回了现实。我发现我们已经来到电影院门口。

“嗯？”

“对不起，我今天说了这么多过分的话。”

“不会不会，很有意思。”

“但是，这是我们之前约定的。”

“什么？”

“你又忘了，”她说，“我们之前不是约定，分手时要把对方的缺点全都说出来吗？”

的确有这么一回事，我们的确有过这样的约定。当时我大言不惭地说，一旦分手，要把对方的缺点全都传达给对方。因为即使分手了，彼此的人生仍然会继续，身为情侣，在分手前的最后一刻，也要成为对方人生的益师。她每次都说：“我还无法想象我们会分手。”我也有同感。

“在你死之前，我把你的缺点全都说出来了。”

她说完后开心地笑了起来。

“很感谢你遵守了约定，只是很不适合在临死前听。”

我也笑了。

很奇妙。刚和她谈恋爱时，难以想象有一天会和她分手。自己幸福的时候，觉得她也同样幸福，不知道什么时候，事情不再这么简单，即使自己幸福，也可能造成对方的伤心。

每段恋情必定会有结束，虽然明知道恋爱会结束，但人们还是会恋爱。

也许恋爱和活着一样。明知道生命终有结束的一天，但每天都会努力活下去，就像恋爱一样，正因为有结束的一天，所以才会努力让活着的每一天更加绽放光芒。

“你不是快死了吗？”说着，她推开了电影院沉重的门。

“这种事可以说得这么轻松吗？”

“我可以在最后放一部你喜欢的电影，我们一起观赏吧。”

“谢谢。”

“那明天晚上九点在这里，当电影院打烊时就开始上映，你把自己喜欢的影片带来。”

“好。”

“啊，我最后还要问你一个问题。”

“还要问？”

“我最喜欢的地方是哪里？”

哪里呢？我完全想不起来。

“你果然不记得。那这个问题就当作功课，明天再回答我。”

说完，她关上了门。

“明天见。”她隔着玻璃对我说。

“明天见。”我也隔着玻璃窗向她道别。

天色已经完全暗了下来。

我抬头仰望着红色和绿色灯饰映照下的红砖电影院。

真的是奇妙的一天。

电话从这个世界消失了，但我因此失去了什么？

储存了自己的记忆和人际关系的东西突然消失，的确让我感受到不安，最重要的是很不方便，独自等在钟楼下的不安超乎想象。

随着电话和手机的发明，人类不会再和别人擦身而过，相约也失去了意义。但电话打不通时的焦急，以及等待时温暖的感觉，和令我浑身发抖的寒意一起，强烈地留在我的身上。

“啊——”

这时，我突然想起来了。

“就是这里。”

我想到了她问题的答案。她最喜欢的地方，就是这家电影院。

以前，我曾经这么说过：

“我觉得这家电影院似乎专为我设置了一个座位，只有我坐在那个座位上，才算是完美。我常常有这样的感觉。”

她也经常这么说。

我想到了正确答案。必须马上告诉她。

手机。我摸着口袋。

没有。对啊，手机没有了。

我很焦急，很想立刻把正确答案告诉她。我缓缓地原地踏步，抬头仰望电影院。

这时，我发现一件事。这和我在学生时代等待她的电话时的心情一样，无法把心意和想法马上传达给对方的焦急时光，正是思念对方的时光。就像古人写信给对方，迫不及待地等待对方回信一样。如同送礼物的意义并不在于礼物本身，而是在挑选礼物时，想象对方喜悦表情的瞬间一样，那才是送礼的意义所在。

“想要有所得，就必有所失。”我想起老妈以前说过的话。那一天，老妈突然不再打喷嚏，也不再流鼻涕。她抚摸着蜷缩在她腿上睡觉的莴苣，温柔地但又充满确信地说着。

我抬头看着电影院，想着昔日女友。

“你不是快死了吗？”

她的话在耳边响起。

这时，头部右侧突然一阵剧痛，我痛苦不已，无法呼吸，冷得浑身发抖，牙齿不停地打颤。

我果然要死了吗？

不，我不想死。

我无法站立，蹲在电影院前。

“我不想死！”

身后突然传来我的声音，我惊讶地回头一看。

不，那不是我的声音，而是阿罗哈。

“吓到了吗？你是不是被吓到了？”

现在是零度以下的寒冷天气，它却穿着夏威夷衫、短裤，头上还挂着一副太阳眼镜，而且，它昨天的衣服上画的是椰子树和美国车，今天换成了鲸鱼和冲浪板的图案。

这家伙……居然还换造型。虽然我气疯了，但根本没力气发飙。

“哎哟，约会真令人羡慕啊！今天我观察了一天，玩得真开心啊。”

“你在哪里看到的？”

我冒着冷汗问。

“那里啊。”阿罗哈指了指天上。

我真不想理它。

“说回严肃的话题，你还不想死吧？你是不是开始对生命产生了执着？”

“……我也不太清楚。”

“绝对是这样，绝对不想死啊！每个人都一样。”

虽然很不甘心，但我不得不承认。

正确地说，也许并不是不想死，只是无法忍受对死亡的恐惧。

“好吧，那就下一个！我已经决定让什么消失了！”

“什么？”

“就是这个！”

阿罗哈说完，指着电影院。

“接下来要不要消除电影，换取你的生命？”

“电影……”

在渐渐模糊的视野中，我茫然地看着电影院嘀咕道。

她几乎每天都去电影院，那里上映了无数电影。

皇冠、马、小丑、宇宙飞船、丝质礼帽、机关枪、裸女……各种电影的画面闪现在脑海中。小丑露出笑容，宇宙飞船在跳舞，马在说话。

噩梦。

“救命。”

我无声地叫喊，然后就昏厥过去。

星期三 >>>

星期三

如果电影从世界消失

“人生近看是悲剧，远观就是喜剧。”

那个男人对我说。他戴着丝质礼帽，穿着略微宽松的燕尾服，甩着拐杖对我说话。

太感同身受了。此刻的我对这句话深有体会。我很希望把内心的想法告诉他，却说不出话。

那个男人又接着说：

“生存和死亡一样，都是无可避免的事。”

太精辟了。在得知自己将不久于人世时才第一次知道，生和死是等值的，只是目前的我生死严重失衡。

至今为止，我也努力地过好每一天。然而，如今我的内心只剩下后悔，在压倒性的死亡威胁面前，“生”几乎快要被压垮了。

不知道是否察觉了我的想法，燕尾服男人摸了摸鼻子下的小胡子走向我。

“现在思考意义也没用了，意义并不重要。生存是一件美好而美妙的事，水母也有生存的意义。”

完全正确。任何生命都有存在意义，无论水母还是路旁的小石头，甚至是盲肠，都一定有存在的意义。

既然这样，我打算让某些东西从世界上消失的行为，不就成为重罪了吗？水母也有生存的意义，如今，生存意义很不明确的我比水母还不如。

男人走到我身旁。

没错，那个男人不是别人，就是“查理·卓别林”。

“卓别林”站在我面前，用丝质礼帽盖住自己的脸。

“喵啊。”

随着叫声，丝质礼帽拿开后，那张脸变成了猫。

“啊——”

我发出无声的惊叫跳了起来。

一看手表，已经是上午九点了。

高丽菜一脸担心地发出“喵啊，喵啊”的叫声，蹲在我的枕边。

我慢慢抚摸着高丽菜，它柔软而温暖，身上的毛很蓬松。这种活着的感觉到底是怎么回事?

我的脑袋终于有了思考能力，渐渐想起了昨晚的事。

我在电影院前感到寒冷和头晕，然后就昏倒了。之后的事完全没有记忆，如今只觉得有点头痛，身体有点发烫。

“喂！喂！是怎样啊？你也太夸张了！”我在厨房大叫。

不，那不是我，虽然长得和我一模一样，但它是魔鬼。

“别再因为区区的感冒……出这种状况了！”

“感冒……你是说？”

它的红色夏威夷衫太花哨，我不停地眨眼。

“你只是感冒而已，我费了好大的力气才把你带回这里。我虽然是魔鬼，但还是很吃力啊！”

阿罗哈在我的杯子里倒了热开水，滴了几滴蜂蜜，又挤了柠檬汁，用汤匙不断搅拌着。

“看你很痛苦的样子，还以为你要死了，真是的！”

阿罗哈一脸很受不了的表情，把杯子放在我枕边。

“对不起……”

我慢慢喝着这杯又酸又甜的美味热饮。

“至今为止，我从来没有犯下延命失误的差错！万一有什么差错，上帝会怪罪我！”

“我以后会小心……”

“你来日不多了，缺乏这种自觉就伤脑筋了！”

阿罗哈说的话太气人了，但是没办法，眼下它是我的救命稻草。

“喵啊……”高丽菜叫了一声，离开我的枕边。高丽菜似乎也对我失望透顶，这把年纪还让猫失望，心里很不是滋味。

“决定了吗？”

阿罗哈等我喝完后，开口问道。

“决定什么？”

“真是的，就是要让什么东西从世界消失啊。”

“噢。”

“下一个是电影。”

“我想起来了。”

“要让它消失吗？还是放弃？”

如果电影从这个世界消失。

我忍不住想象起来。

真伤脑筋。这么一来，我就失去了兴趣爱好。

我知道事到如今，说什么兴趣爱好太愚蠢，但我买了不少DVD，真是太可惜了。而且才刚买史丹利·库柏力克导演的电影光盘，以及《星球大战》的蓝光光盘。平时看电视时，只看新闻和综艺节目，真是伤脑筋啊。

嗯……但只是这样而已？真的这么简单吗？

阿罗哈催促着我“快点，快点”，但这个问题很重要，我必须静心慢慢思考。

“一定……电影吗？”

“对，一定要电影。”

“非要不可吗？”

“不然……你觉得要让什么消失呢？”

比方说，音乐呢？

NO MUSIC NO LIFE.

“没有音乐就无法生存！”这是某家唱片行的广告词。

我们可以在没有音乐的世界生存吗？

应该可以活下去。

下雨的日子，即使独自在家时无法听我最爱的肖邦的音乐，应该也可以像以前一样，自在地度过雨天。

如果晴天的日子没有巴布·马利的陪伴，或许无法感受到悠然的幸福，也不会有太大的问题。

快速骑脚踏车时听披头士的歌超爽快（那是我送信时的背景音乐），但即使没有披头士，我照样可以工作。

独自走在夜晚黑暗的路上回家时听比尔·艾文斯的音乐很惆怅，整个心都被揪紧了，但即使从此之后再听不到了，也并没有大碍。

结论：

NO MUSIC YES MY LIFE！

即使没有音乐，我也可以活下去，只是会常常感到寂寞而已。

NO COFFEE NO LIFE！NO COMIC NO LIFE！

虽然我试着大声叫出声，但即使没有咖啡和漫画，人生照样持续。即使我最爱的咖啡果冻和星巴克的拿铁咖啡从这个世界消失，我也可以活下去。虽然没有AKIRA，没有哆啦A梦和灌篮高手的日子很难过，但是生命诚可贵，这些皆可抛。

虽然很不希望心爱的公仔、球鞋、帽子和百事可乐，还有哈根达斯消失，但即使没有这些东西也不会死，生命最可贵。

于是，我在想象中舍弃了所有这些东西。

结论二：

人只要有水、食物和睡觉的地方就不会死。

也就是说，世界上有些东西是可有可无的。

无数重要的电影陪伴我走过至今为止的人生，一旦这些电影消失，我会觉得自己也一起消失了吗？

“知道一条路，和实际走在那条路上是两回事。”

这是《黑客任务》中的某句台词。

有什么东西从这个世界消失这件事，和因此产生的现实完全是两回事，无法用数值表现的欠缺更胜于失去那样东西所产生的直接影响。乍看之下并不知道，但即使大家的肉眼看不见，状况仍然会发生巨大的变化。

话说回来，因为我存在，电影才相对存在，所以，如果我没命了，一切都是枉然。因为如果我死了，根本无法享受电影的乐趣。

我决定了，就让电影消失。

以前看过的一部电影的主角说：

“这个世界上，有很多人希望把灵魂卖给魔鬼，问题是没有魔鬼想要买。”

这句话错了。因为魔鬼果真出现在我的面前，想要买我的灵魂，虽然我做梦都没有想到，如假包换的魔鬼真的会出现。

“你似乎已经决定了。”

虽然它说话的语气很明朗，但应该是真魔鬼的阿罗哈笑着说。

“对。”

“那就老规矩，你可以最后挑一部你喜欢的电影。”

对噢，我还可以挑最后一部。开始思考这个问题时，反而烦恼起来。我无法选择。

“现在就来播放你喜欢的电影，我们一起来看。”

我想起前女友昨晚说的话，那句话也许是预言。

要在无数喜爱的电影中，挑选哪一部作为人生最后的电影？这是一个严重的问题，要选以前看过的电影，还是以前错过的电影？

曾经在书上和电视上看过要人选择最后的晚餐吃什么，或是带什么东西去无人岛上，一旦轮到自己做出选择，便发现是一件极其痛苦的事。但是，我无法拒绝阿罗哈的提议，因为，一旦拒绝，我就没命了。

“你好像无法做决定……我能理解，这也是理所当然的，因为你很爱电影。”

“对……”

“那我给你一个小时，请你在这一个小时内做决定！要挑选哪一部电影作为人生最后的电影。”

举棋不定之下，我只好去找百视达。

百视达不是一家店，而是一个人。

什么？我语焉不详？

那我重说一遍。

举棋不定之下，我去找了国中以来多年的好友百视达（因为他就像电影活字典一样，所以有了“百视达”这个绰号），他在附近一家经营多年录像带出租店（店名并不叫百视达）上班。

百视达在这家录像带出租店（我再重申一遍，那家店并不叫百视达）工作了十年，他的人生有一半都是在录像带店度过的，另一半在看电影。也就是说，除了睡觉以外，他把目前为止所有的人生都奉献给了电影，是百分之百的电影宅男。

我在中学一年级的春天认识了百视达。他是我的同班同学。

入学后两个星期，他无论在上课或下课时，都不和任何人说话，也不和其他同学视线交会，他总是独自坐在教室的角落。我硬是主动和他说话，结果就变成了好朋友。

我不记得那时候为什么会主动找百视达说话，但（我相信）每个人在人生过程中，会有三次强烈地被和自己完全不同类型的人吸引。如果对方是女人，就会变成情人；如果是男人，就成为好朋友。

百视达应该强烈地吸引了我，当我回过神时，发现已经主动上前和他说话，也在不知不觉中成为好朋友。

即使我们成为好友后，百视达也很少说话，只有两三次和我视线交会，我仍然喜欢他。虽然他平时几乎不说话，但一聊到电影，他说话就突然流畅起来，双眼也开始发亮。那时候我知道，无论用什么方式，每个人谈论自己深爱的事物时，就可以创造感动。

中学时代，百视达向我介绍了很多部电影，我每一部都看了。

从日本的历史片，到好莱坞的科幻片、法国新浪潮电影、亚洲独立制片电影等，百视达介绍的电影没有国界。

“好电影就是好电影。”

百视达经常说这句话。

他超越了电影属于哪一种类型、什么时候拍摄的、哪个国家拍摄的，以及由谁主演、由谁担任导演这些问题，只在意“好电影就是好电影”这件事，和时代、国籍没有关系。

因为某些巧合发挥了作用，我们在高中也是同班同学。我在六年期间接受了百视达的电影博爱教育，如今应该已经达到了电影迷，或者说是电影宅男的境界。但是，每次看到百视达，就觉得世上那些电影宅男（包括我在内）都只能称为山寨版，在如今这个只不过稍微多看了几部电影，就可以领到宅男认定书的宅男养殖时代，百视达这种人才是天然纯正的电影宅男。话说回来，我并不想以他为目标。对不起啊，百视达。

走了八分钟的路，来到了录像带店。

百视达今天也在柜台内，可能因为他一直在那个固定的位置，看起来简直就像是寺院里的佛像。在门外张望时，不会觉得百视达在店里，而是觉得店里有无数录像带围绕在他的周围。

“百视达！”

我一走进自动门，立刻叫他的名字。

“好、好久不见，你你、你怎么来了？”

百视达还是像往常一样不敢正视我，亏他已经是大人了。

“虽然很突然，但因为我没时间了，所以就简单地说。”我说。

“怎怎、怎么了？”

“我得了末期癌症，快要死了。”

“呃？”

“搞不好明天就会死。”

“呃呃？”

“所以，我必须马上决定最后要看哪一部电影。”

“呃呃，呃？”

“而且，要在接下来的三十分钟内做出决定。”

“呃，呃呃呃？”

“所以，百视达，拜托你，可不可以和我一起想一下，人生最后一部电影要看哪一部？”

百视达露出为难的表情，似乎觉得突然被交付这样的重大责任很困扰。

我能理解。百视达，真对不起。

但是，百视达没有说一句废话，立刻走出柜台，走在好像迷宫般的录像带架子之间。

他以前就这样。当他帮助他人时，都很干脆地去做，好像根本不存在任何理由。

我们一起走在陈列了无数录像带和DVD的陈列架之间。

无数电影在我面前一闪而过。不知道为什么，想到这是最后一次，看到这些电影时，其中的台词和画面都会接二连三地浮现在眼前。

“人生中所发生的一切，也会出现在表演秀中。”

这是杰克·布坎南（Jack Buchanan）在《龙国香车》中唱的一句歌词。

发生在我身上的事，也会出现在电影中吗？

有一天我突然被宣告得了末期癌症，然后穿着夏威夷衫的魔鬼出现在眼前，只要我让某样东西从世界消失，就可以延长我的寿命。不可能，绝对不可能发生！现实比电影更离奇！

百视达徘徊在陈列架之间，我也跟在后面徘徊。

“巨大的力量往往伴随着巨大责任。”

在《蜘蛛侠》中，获得蜘蛛一样超能力的彼得·帕克如此宣告。

想到这里，我觉得自己或许也一样。我为了能够多活一天，要让某样东西从世界上消失，那是伴随着巨大的责任、风险、压力、难以抉择，而且是难以置信的状况。我和魔鬼做了交易，和美国漫画男主角的状况相同。

该怎么办？我陷入了混乱，那些电影似乎在声援我。

“愿力量与你同在。”

谢谢，《星球大战》。谢谢，《绝地武士》。

“I'll be back。”

我也想回来，《魔鬼终结者》。

“世界属于我！”

莱昂纳多·迪卡普里奥，你根本什么都不懂。

“生命多美好！”

这根本是弥天大谎！

这时，背后传来声音。

“不、不要想！去、去感受！”

我彻底陷入了负面的妄想世界，百视达突然对我大叫着。他手上拿着《龙争虎斗》的盒子。

“不不、不要想！去感受！”

百视达又重复了一遍。

“百视达，谢谢你。李小龙超棒的，但作为人生最后一部电影的话……嗯，好像不适合。”

我笑着回答。

“我每次买书，都会先看结局，万一在看完整本书之前就死了，就很伤脑筋。”

这是比利·克里斯托在《当哈利遇上莎莉》中说的话。

啊，走在录像带陈列架之间，发现到处都是我来不及看完就会死的电影。

来不及看的电影、来不及吃的料理、来不及听的音乐、来不及看的风景。

从这个角度思考，在临死的时候，脑海中浮现的是对原本应有的未来所产生的后悔，对未来产生后悔这句话或许有点奇怪，但仍然会忍不住想象如果自己可以活下去的情况。更奇妙的是，所想象的每一件事都像正准备消除的电影一样，都是“可有可无的东西”。

百视达和我最后来到卓别林电影的陈列架前。

“人生近看是悲剧，远观就是喜剧。”

我小声嘀咕，想起了今天早上梦见卓别林的梦。

“舞、舞台春秋。”

百视达回答。

卓别林在《舞台春秋》中饰演的小丑为了阻止一名芭蕾舞者自杀，说了很多话。

“生存是一件美好而美妙的事，水母也有生存的意义。”

没错，水母也有存在的意义。既然这样，电影、音乐、咖啡也许都有存在的意义，“可有可无”才是对这个世界而言重要的东西。无数的“可有可无”聚集在一起，形成了外形像人类的“人”。以我为例，我至今为止看过的无数电影，和这些电影相关的回忆所形成的，就是我这个人。

生存、哭泣、叫喊、恋爱，愚蠢的事、悲伤的事、开心的事、可怕的事、可笑的事……

凄美的歌曲，令人感动落泪的情景，反胃、唱歌的人，空中飞行的飞机，奔腾的骏马，逝去的时代，令人食指大动的松饼，漆黑的宇宙，开枪的牛仔……

电影连同有关和我一起看电影的恋人、朋友和家人的回忆，一起深植在我的内心。我们曾经多次谈论电影，无数有关电影的记忆形成了我这个人，每一个回忆都美丽动人，令人忍不住落泪。

电影就像串珠般串了起来，串起、编织了人类的希望和绝望，无数的巧合结合在一起，形成一个必然。

“那、那就这个吧。”

百视达把《舞台春秋》的盒子递给我。

“谢谢。”

“虽、虽然不知道未来会怎么发展……”

百视达说到这里，就说不下去了。

“怎么了？”

我发现百视达低着头哭泣，像小学生一样泪流不止地哭泣。

看到他哭泣的样子，我突然想起他当年落寞地坐在窗前的身影。

没错，当时他独自看着窗外时，让我有一种得到救赎的感觉。他不和任何人交谈，不慌不忙，独自慢慢地注视着重要的事物。他的身影让我得到了救赎。那时候，我没有任何觉得重要的东西，并不是他需要我，而是我需要他。

隐藏在内心的感情倾巢而出，泪水涌上心头。

“谢谢。”

我好不容易挤出这句话。

“无、无论如何，我希望你活下去。”

百视达哭着说。

“百视达，别哭。‘有一个好故事，有人和我分享，这样的人生还不坏啊。’《海上钢琴师》中不是有这句话吗？对我来说，百视达，你就是和我分享的那个人，因为有你，所以我觉得自己的人生还不坏。”

“谢、谢谢。”

百视达说完这句话，默默地哭了起来。

“选好了吗？”

我来到电影院时，迎接我的前女友问道。

“对，就是这部。”

我把影片交给她。

“原来是《舞台春秋》，选得很棒啊。”

她在说话时，打开了DVD的盒子，然后哑然无语。

因为里面并没有DVD光盘，只是一个空盒子。

那家录像带出租店采用旧式租片方式，把DVD连同盒子一起租给客人，所以，偶尔会发生这种疏失，没想到居然在这个紧要关头被我遇到了！

百视达，真是令人咬牙切齿的疏失啊。百视达！

但我转念一想，《阿甘正传》中有这样一句话。

“人生就像一盒巧克力，打开之前，不知道里面装了什么。”

真的必须打开后才能见分晓。原来我的人生就是这样。近看虽然是悲剧，但退后一步，就是一个喜剧。

“怎么办？这里有几部现成的片子……”

我想了一下，最后做出了结论。不，也许很早以前就做出了结论。

人生的最后关头要看哪一部电影？最后的答案太简单了。

我走进放映厅坐了下来，倒数第四排，右侧第三个座位。那是我学生时代开始的固定座位。

“开始啰。”

播映室内传来前女友的声音，电影开始播映，光投射在银幕上。

但是，银幕上一片空白，只有白色长方形的光照在银幕上。

我没有选择任何一部片子。

看着空白的银幕，回想起以前看过的一张照片。

那是一张电影院的照片，从播映室拍向座位和银幕，那张照片记录了一部电影，在电影开始播放时开启快门，在电影结束的同时，关闭快门。银幕吸收了两个小时镜头所有的光，照片中的银幕只留下白色的长方形。

也许我的人生也一样。一部电影中包括了所有的滑稽、悲剧和喜剧，反映了我的人生，但如果想要用一张照片呈现，就只剩下一片白色的银幕。记录我人生的影片超越了喜怒哀乐，成为一部白色的电影。没有其他东西，只有纯粹的空白。

相隔一段时间重温以前看过的电影，有时候会有完全不同的印象。

电影当然不可能改变，于是就会发现，原来是自己改变了。

如果自己的人生是一部电影，不同的时候，对自己人生的看法也会有所改变。也许会对原本厌恶之至的一幕心生爱怜，或是在曾经令自己悲伤不已的一幕放声大笑，曾经为之着迷的女主角，也在不知不觉中淡忘了。

因此，现在回想起父母时，都是美好的回忆。

三岁时，他们第一次带我去电影院看《E.T.》。我至今仍然记得电影院内漆黑一片，声音很吵，整个电影院都弥漫着爆米花的味道。

父亲坐在我右侧，老妈坐在左侧。黑暗的电影院内，我被父母包围，这种想要逃走，却没办法逃的状态令我害怕，但我还是看着银幕，所以，几乎不记得电影的内容。

只有少年艾略特载着E.T.，骑着脚踏车飞上天的那一幕令我印象深刻。至今仍然不时回想起那种想要大喊，想要哭泣，被电影带来的感动所震撼的感觉。我用力握着父亲的手，父亲也用力回握我的手。

几年前，我在深夜的电视中看到正在播放数位重制的《E.T.》，我不喜欢在看电影时一直被广告打断，原本想要关掉电视，但看了几分钟后，觉得很好看，就情不自禁一直看了下去。

距离第一次观看已经过了二十五年，但是，我在看同一幕时仍然泪流不止。

当然不可能产生和三岁时相同的感动。三岁时，我相信人可以飞上天。二十五年后，我已经知道自己无法飞上天，和当年坐在我右侧的父亲已经好几年没有说过话，更没有见面；曾经坐在我左侧的老妈也已经不在人世。我知道自己无法飞天，更知道当年的时光无法重现。

长大以后，既有所失，也有所得，感动和感情无法重拾。想到这一点，不由地悲从中来，泪流不止。

我独自在放映厅内抬头看着一片白色的银幕，不由地陷入思考。

如果我的人生是一部电影，那么，这样的人生到底是喜剧片、悬疑片，还是人生温情片？只是我知道，绝对不可能是爱情片。

卓别林曾经在晚年时说：

“我无法为世人留下杰作，但至少让世人发笑，这样也不错啊。”

意大利导演费里尼也说：

“电影可以将任何梦想具体化。”

他们为世人留下了杰作，逗人发笑，带给世人梦想，令人留下了记忆。

然而，我越想越觉得自己的人生根本称不上电影。

我看着白色银幕，发挥了想象力。

我是导演，我的家人、前女友和朋友等与我有关的人就是众多工作人员和演员。

故事从三十年前，我降临人世的那一刻拉开序幕。

我呱呱坠地，父母满脸笑容，亲戚纷纷聚集，轮流把我抱在怀里，摸着我的手，抚摸我的脸蛋。然后，我渐渐学会翻身，学会爬，终于能够站立，开始摇晃走路。父亲和老妈为我的成长一喜一忧，为我买衣服，喂我吃饭，尽情地陪我玩耍。

这样的人生起点太平凡了，却是至上的幸福起点。

我在成长过程中理所当然地学会叛逆，反抗父母，有哭有笑，渐渐不再和父亲开口说话。我们父子曾经共同度过了那么多时间，为什么会不说话？我想不起明确的理由。

有一天，家里出现了一只猫，名叫莴苣，老妈、我和莴苣拥有了幸福的时光。但是，莴苣死了，老妈也死了，这是电影中最悲惨的一幕。

老妈死后，剩下高丽菜和我，我决定和它一辈子相依为命。父亲走出了我的生活，我开始当邮差，展开了平凡的生活。

太无聊了，从头到尾都是平庸的画面和肤浅的台词。这种电影根本不值得一看，而且，电影的男主角（就是我！）是一个无精打采的无趣男人，根本不了解自己生存的意义和价值。

如果照实记录，根本乏善可陈，所以，剧本必须选择重点，融入一些戏剧化的要素。布景可以简单，但一定要有特色，充分发挥小道具的功能，服装就用黑白两色。

剪辑呢？因为有太多无聊的镜头，所以只能大幅剪辑，只不过这么一来，很可能整部电影只剩下五分钟。这不太妙。还是从头看到尾，但有很多不想看的场景，而且拖拖拉拉演了很久；相反地，有些想要多看几眼的场景却在精彩处喊卡了。这就是我的人生。

要配上什么音乐？是钢琴弹奏的优雅流畅旋律，还是雄壮的管弦乐？不，也许轻快的吉他伴奏比较理想。我只有唯一的要求。正因为是悲伤的故事，所以更需要明朗的音乐！

电影终于完成了，简短而不起眼，绝对不可能卖座，悄悄地上映，又悄悄地下档。不久之后，就在录像带出租店角落慢慢褪色。

最后一幕结束了，画面转黑，出现了片尾字幕。

如果我的人生是一部电影，我希望在片尾字幕后，仍然能够留在观众的心里。即使只是一部简短而不起眼的电影，也希望有人因为这部电影得到救赎，得到激励。

片尾字幕后，人生仍然要继续。我衷心祈祷自己的人生可以在某个人的记忆中持续下去。

两个小时的播映结束了。

走出电影院，外面笼罩在一片静谧的黑暗中。

“你现在会觉得悲伤吗？”

走出电影院时，她问我。

“不知道。”

我回答说。

“那会难过吗？”

“对不起，我不知道。”

我真的搞不清楚是因为自己不久于人世感到悲伤，还是因为重要的东西将从这个世界消失感到伤心。

“如果你真的很痛苦，很难过，无法自处时，随时可以来找我。”

她说。

“谢谢。”我答完这句话，就走上了坡道。

“等一下！”

她在身后叫住了我。

“最后一个问题！”

“还有？”

“真的是最后的问题了！”

她说话时哭了起来。

看到她的表情，我也快哭出来了。

“那最后一个问题我会努力。”

“我每次看结局很悲伤的电影时，一定会再看一遍。你知道为什么吗？”

这个问题的答案我记得很清楚。

那是从布宜诺斯艾利斯回国的飞机上，我一直在祈祷的事，和她分手之后的很长一段时间，我也一直在祈祷。

“我知道。”

“那你说啊。”

“……因为你觉得，也许下一次就会是完美结局。”

“答对了！”

说完，她胡乱地用袖子擦拭着眼泪，用力挥着手说：“愿力量与你同在！”她很有精神地用力挥手，我似乎可以听到她挥手的声音。

“I’ll be back。”

我拼命克制着眼泪回答。

回到家时，阿罗哈笑眯眯地等在家里，向我使了一个眼色（这次还是两只眼睛都闭了起来），然后让电影消失了。

阿罗哈让电影消失时，我想起了老妈。不，其实并不是想起老妈，而是想起她喜欢的一部意大利电影。

那部很久以前的意大利电影，名叫《大路》（La strada）。

那是粗俗的卖艺人赞巴诺，和他花钱买的女跟班、体弱的杰索米纳之间的故事。

赞巴诺虽然觉得杰索米纳很重要，却不知道该怎么和她相处，对她的态度很恶劣，杰索米纳仍然无私地为赞巴诺奉献。但是，当杰索米纳更加体弱多病后，赞巴诺就遗弃了她。

几年后，赞巴诺来到一个海边城市，听到一个女人正在唱以前杰索米纳经常唱的歌。他从那个女人口中得知，杰索米纳已经死了。但是，她的歌留了下来。赞巴诺听着她的歌，终于发现自己爱上了她。于是，他在海边哭泣，只是无论再怎么哭，杰索米纳都无法再回来了。他虽然爱她，却无法珍惜她。

他发现得太晚了。每次看这部电影，我就觉得很生气。

“人往往在失去后，才会发现那是自己重要的东西。”

老妈在看这部电影时，经常说这句话。

这正是我目前的写照。我由衷地为失去电影感到悲伤，感到痛苦，觉得自己太自私。在发现自己失去电影后，才惊觉无数的电影一路支持着我，形成了我这个人。即使如此，我仍然为了保命而抛弃了电影。

明朗的魔鬼立刻告诉我下一个消失的东西。

我不愿意再思考，答应了它的要求。

那时候，我做梦都没想到，高丽菜居然会发生那样的变化。

星期四

如果时钟从世界消失

福无双至，祸不单行，奇妙的事也会接连发生。

就好像才发现掉了钥匙，随即又掉了皮夹一样；

就好像高中棒球奇迹似的连续击出好几个安打一样；

就好像手冢治虫等好几位天才漫画家都住进了丰岛区的常盘庄公寓一样。

我得了末期癌症，魔鬼出现，电话和电影从世界上消失了……然后，爱猫开始说话。

“你这是要睡到什么时候也？”

这是梦。

“赶快起床也。”

这一定是梦。

“别再懒床了，赶快起床也！”

不，这不是梦，说话的不是别人，正是高丽菜，而且，说话的语气像历史剧一样，语尾还加了“也”字。

“你是不是搞糊涂了，不知道发生了什么事？”

阿罗哈一脸奸笑地现身了。这家伙居然又换行头，它今天穿了一件天蓝色夏威夷衫，上面是七彩大棒棒糖和五彩鹦鹉的花哨图案。我拼命眨着眼睛，对刚睡醒的人来说，这种配色未免太刺眼了。我心浮气躁地对着阿罗哈大吼：

“当然会啊！因为一大早醒来，猫不是叫‘喵啊’，而是对着我‘之乎者也’啊！”

“噢，你说到重点了。这是我的一点心意。”

“心意？”

“对啊，电话没了，你最喜欢的电影也消失了，你少了聊天的对象，失去了兴趣，我想你一定会很寂寞。所以，就让猫陪你说说话。毕竟我是魔鬼，会使用魔法啊。”

阿罗哈说完后，突然狂笑起来。

“猫突然开口说话也很伤脑筋，可不可以请你变回去？”

“……”

阿罗哈突然沉默起来，难道我的反应出乎它的意料？

“呃……我是不是说了什么不该说的话？”

阿罗哈继续沉默。

“该不会……没办法变回去？”

“不，可以变回去啦，有一天可以变回去！我没骗你，只是什么时候变回去，只有上帝知道……我可说不准，因为我不是上帝……而是魔鬼。”

小心我敲破你的脑袋！我忍不住火冒三丈，但和魔鬼吵架太危险，所以我把到了嘴边的话吞了下去，钻回了被子。我不想起床，我不想回到电影消失、猫会说话的世界。

高丽菜踩着我的脸，铆足全力叫我起床（我懒床时，它每次都用这种方式逼我起床）。曾经听人说，“猫”的日文发音“ne-ko”语源是“寝子”，意思是爱睡的孩子，但我觉得这种说法根本是骗人的。这四年来，高丽菜的早起让我伤透脑筋。

“喵呜！如果你再不起床，我要发火也！”

高丽菜发出像猫叫的吼声后说道。

“啊，我受不了了！”

我决定接受现实，猛然跳下了床。

“对了，你还记得吧？”

阿罗哈探头看着我的脸问。

“啊？什么？”

“真是的，就是今天要消失的东西啊。”

嗯，我想不起来。今天什么东西要消失？我周围的东西好像没有变化。

“对不起……是什么？”

“真是的，时钟啊，是时钟啊。”

“时钟？”

“对，你今天让时钟消失了。”

经阿罗哈的提醒我才发现，我让时钟消失了。

如果时钟从这个世界消失，这个世界会变成什么样？

我不由地思考起来。

父亲的身影最先浮现在我的脑海中。父亲经营一家小型钟表店。

我们全家以前住的房子一楼是钟表店，每次我下楼，就看到父亲驼着背，在黑暗中开了一盏台灯修理钟表。

我已经四年没见到父亲了，但他现在应该仍然在那个小城镇角落的小钟表店内修理钟表。

如果时钟从这个世界消失，就不再需要钟表店，那家小店和父亲的工作都没有存在的必要。想到这里，就对自己的决定感到有点痛心。

时钟真的从世界上消失了吗？我巡视着房间，我原本戴在手上的手表的确不见了，房间的小闹钟也不知去向。也许和电话消失时一样，只是我没有意识到时钟的存在而已，但时钟似乎真的从这个世界消失了。

被丢进一个没有时钟的空间，立刻发现自己丧失了对时间的感觉。身体可以隐约感觉到现在是上午，今天有点睡过头，推测大约十一点左右。即使打开电视，也没有显示时间，手机前天就消失了，完全无从得知现在几点。

这种缺乏真实感的感觉是怎么回事？和之前其他东西消失时的感觉完全不一样，除了对父亲有点愧疚以外，没有任何痛苦，也没有丝毫的懊恼。话虽如此，应该还是会产生各种影响，因为这个世界是靠时间在运转，我不由地扩大了想象的范围。

学校、公司和电车应该会陷入一片混乱，全世界的股票市场应该也陷入了恐慌。泡面可能随时会泡过头，很难抓准三分钟刚刚好的时间！奥运的一百公尺比赛也无法进行，咸蛋超人也会错过飞回宇宙的时机（三分钟太难了）。

但是，为什么时钟消失这件事对我个人并没有什么影响？只是一个人（外加一只猫）生活，时钟和时钟附带的时间与我的人生好像完全没有关系。

“为什么会有时钟？”

我问阿罗哈。

“好问题。在讨论时钟之前，先说时间的问题，只有人类有时间的概念。”

“嗯？什么意思？我完全听不懂……”

阿罗哈的言论太出乎我的意料，我有点纳闷，它又继续说道：

“所以，时间是人类自己决定的规则。虽然太阳升起、沉落的规律是自然现象，但只有人类会用六点、十二点、零点的‘时间’来命名。”

“听你这么说……好像的确是这样。”

“所以，人类以为自己用客观的眼光看待世界，其实只是套用对自己有利的定义。所以，这次我想改变一下游戏规则，让你们体验一下‘时间’这个人类擅自决定的事物消失的世界，才会选择‘时钟’。”

“你说得很轻松嘛……”

“总之，就是这么一回事，祝你有愉快的一天！虽然已经不到一天的时间了！”

阿罗哈说完这句不负责任的话后扬长而去。

一百年间所发生的事，写在历史的书上只有十页，搞不好一行就写完了。

得知自己来日不多后，我告诉自己，如今过的每一个小时，不只是六十分钟而已，而是三千六百秒。我的生命不是用年、分为单位，而是以秒计算。但是，在时钟消失后，这种想法也变得无足轻重了。

老实说，我对“今天”到底是星期几的感觉也很模糊，只知道星期三之后是星期四，因为已经天亮了，所以今天就是星期四，虽然星期几和早上、中午、晚上都是人类擅自定义的概念。

因为没有特别要做的事，所以我想打发时间，但如今已经没有可以打发的时间；想要浪费时间，也没有可供浪费的时间，让人有一种无助的感觉。

我起床到现在过了几分钟？我习惯性地看向床边的闹钟，但闹钟不见了。没有时钟的世界，自己被肉眼看不到的时间长河慢慢冲走，觉得自己渐渐变成了过去式。

仔细思考后，人类是根据时间这个规则睡觉、起床、工作、吃饭、玩乐，也就是配合时钟生活。人类为了限制自己，发明了时间、年月和星期几这些规则，为了确认时间这个规则，又发明了时钟。

建立规则也同时代表了不自由，但是，人类把这种不自由挂在墙上，放在房间内，而且不厌其烦地在行动范围内的所有场所都配置了时钟，最后甚至挂在自己的手腕上。

但是，如今我充分了解其中的意义。

自由伴随着不安。

人类用不自由换取建立规则的安心感。

我正在想这些事，高丽菜挤到我身旁。它只有在有所要求的时候才会主动靠过来。

“高丽菜，怎么了？肚子饿了吗？”

它早上来找我，通常都是肚子饿了。

“你说错了也。”

“什么？”

猫竟然会顶嘴。高丽菜深深地叹了一口气，继续说：

“我说官人啊，你每次都乱猜。”

“官人？”

它口中的官人似乎就是我。这家伙演历史剧未免入戏太深了。

“我想去散步时给我吃饭，我想吃饭时叫我睡午觉，我想睡午觉时又带我去散步，每次都搞不懂我的心。”

“啊？是这样吗？”

我的爱猫用力点着头继续说道：

“是啊，虽然你每次都自以为很懂猫的心情，但是，其实十之八九都搞错了也。我明明没有感到寂寞，你却跑来问我会不会寂寞，真是太伤脑筋！不过，不光是官人，大部分人类都差不多。”

太震惊了。我和高丽菜相依为命了四年，一直以为我们心灵相通，没想到自己竟然是个会错意的家伙。人和猫之间语言相通实在太残酷了。

“高丽菜，真对不起啊，那你现在想做什么？”

“我想去散步也。”

高丽菜明明是一只猫，却从小就爱散步。

“高丽菜明明是猫，却很像狗。”

我想起老妈经常笑着带高丽菜出门散步。

“等我一下。”我对高丽菜说完，懒洋洋地站起来走进厕所。我正在上厕所，高丽菜把门把手压得发出咔嗒咔嗒的声音，走了进来。

“我要散步……”

“知道了！”我把高丽菜赶了出去，急急忙忙上完厕所，洗了脸。我用水洗脸时，感觉到身后的视线。这种压迫感是怎么回事?

回头一看，发现高丽菜躲在柱子后方看我。

“我要散步……”

“高丽菜，等一下嘛。”

原来只会叫“喵啊”，如今会说话后，事情就变得很麻烦。

我匆匆脱掉衣服淋浴，把洗发精挤在手心，搓出泡沫后开始洗头发。在洗头发时闭上眼睛，妖怪突然从背后出现！这是惊悚片常见的场景，但如今我的后背也感受到相同的寒意。为什么会有这种不寒而栗的感觉？我微微睁开眼睛，以免洗发精的泡沫进入眼睛，发现高丽菜从浴室半开的门外探头张望着。

“散步……”

你是跟踪狂吗？！我努力克制着想要骂它的冲动，用力关上门，把头发冲洗干净。只吃了香蕉、喝了牛奶当早餐，就匆忙换好了出门的衣服。

“帮我开门也，我想出去也。”

高丽菜用爪子抓着门，发出刺啦刺啦的声音。我匆忙做好准备，就带高丽菜出门。

户外天气晴朗，是散步的好日子，走在前面的高丽菜脚步也很轻盈。

高丽菜向来不打一声招呼就出门，然后又自己回家，我从来不知道它在外面干什么。今天因为是高丽菜邀我陪它散步，所以我决定跟在它身后。

我第一次踏上高丽菜的散步路线。之前都是老妈带高丽菜出门散步，想到这里，似乎了解到老妈陌生的一面。今天就发挥耐心，好好陪高丽菜一整天吧。

这时，我终于领悟到高丽菜说话为什么会像历史剧的台词了。

是老妈的关系。

还是小猫的高丽菜来到我家后不久，老妈突然迷上了历史剧（我家的老妈也和世间所有的老妈一样，会突然迷上神祕的东西，然后又不知道什么时候突然厌倦）。

《水户黄门》、《暴坊将军》和《远山的金四郎》都是老妈喜爱的历史剧。

“日本男人就该像这样。”

老妈说着这种莫名其妙的日本男儿论，试图说服我加入她的行列。

“妈，真对不起，比起电视的历史剧，我更想看电影。”

我很恭敬地婉拒了老妈。

找不到历史剧同好的老妈，只能从早到晚把高丽菜抱在腿上一起看历史剧，我猜想高丽菜就是在那时学会了“人类的语言”。

于是，高丽菜的话就变成结合老妈的话和历史剧台词的怪腔怪调。唉，真可怜，但其实也很可爱，所以就不必特别纠正它了。原来可怜和可爱很像。我看着步步向前的高丽菜背影，忍不住这么想道。

高丽菜散步的路上有不少杂草，电线杆下的蒲公英开了花。原来已经是春天了。高丽菜走到蒲公英旁，用力嗅闻着。

“是蒲公英。”

我说，高丽菜露出纳闷的表情。

“这是蒲公英也？”

“你不知道吗？”

“是也。”

“这是春天会开的花。”

“原来是这样也……”

之后，高丽菜开始对花产生了兴趣，接二连三地跑到路旁绽开的花旁，不停地问我：“这是什么花也？”

野豌豆花、荠菜花、春飞蓬、玛格丽特、宝盖草。

路边的杂草在北风中靠着太阳的些许温暖，用力绽放出小花。我动员了所有的记忆，把花名告诉了高丽菜。奇妙的是，说着说着，渐渐唤醒了早就遗忘的幼时记忆。

听老妈说，我小时候跟她出门散步时，也常常不停地问：“那叫什么名字？这叫什么呢？”应该和此刻的高丽菜差不多。老妈每次都发挥耐心回答我，实在太厉害了。

“每次看到花，你就坐下来不肯走，看到别的花，又坐下来赖着不走。每天散步都迟迟没办法结束。”

长大之后，老妈经常提到这件事。

“但那也是幸福的时光。”

老妈充满怀念地看着远方，笑着这么说。

我和高丽菜花了很长时间，终于来到山丘上的公园。

这个公园位于高处，放眼望去，鳞次栉比的房子沿着坡道整齐地排列，后方是一片湛蓝的海。巴掌大的公园内有秋千、滑梯和跷跷板，幼童在他们的妈妈陪伴下，正在沙坑前玩耍。

高丽菜绕着公园走了一圈，和小孩子稍微玩了一下，走到坐在长椅上下将棋的老人面前“喵啊”了一声，叫他们“让开！”。除了我以外，别人似乎听不到它说话。

“高丽菜，不行噢，这里有人坐。”

高丽菜还是一个劲地喵喵叫，突然跳到将棋盘上，把棋子踢开了。那几个老人一脸无奈，但似乎习以为常了，很快把椅子让了出来。

我向那几位老人鞠躬道歉，高丽菜瞥了我一眼，一屁股坐在蓝色油漆已经剥落的长椅上，开始舔自己的手脚。它一脸旁若无人地坐在那里，好像那里是它的专用座位。

我看高丽菜一时不会离开，就坐在它旁边，呆然地看着远方那片辽阔的大海。那是无限延伸的和平世界。我像往常一样，习惯性地看向公园的时钟塔，但找不到时钟。我无法判断是因为时间这个规则的消失带来了这份和平，还是这里平时就有这份和平存在。只是当自己内心接受了没有时钟的世界后，就变得自由而平静。

“人类真的是不可思议的动物也。”

不知道是否已经理完了毛，高丽菜突然转头对我说话。

“是吗？”

“为什么要帮花取名字也？”

“那是因为有很多不同种类的花，必须加以区分啊。”

“为什么有很多种类，就要全部取名字也？为什么一定要区分也？所有的花都称为‘花’不就好了也？”

言之有理。我立刻闭了嘴。一个三十岁的大男人竟然被一只猫驳倒。啊，真没出息。但是，高丽菜说得很有道理，人为什么要为花取名字？除了花以外，还有东西、颜色、形状，还有人，为什么都要取名字？

时间也一样。太阳升起和沉落是一种自然现象，但人类擅自为这种自然现象取了年月日、时分秒的“名字”。

但是，高丽菜的世界中没有时间，当然也没有时钟，更没有准时或迟到。没有一年级生、二年级生和三年级生，也没有第一学期、第二学期和第三学期，更没有暑假、寒假和春假，只有以自然现象为中心的状况变化，和肚子饿、想睡觉等身体的反应。

我在没有时钟的世界慢慢思考后，各种人类的规则都在内心瓦解。颜色、温度之类的尺度也和时间一样，其实根本不存在，都是人类靠自己的感受为它们所取的“名字”。

也就是说，从“人类以外的所有世界”的角度来看，一年、一天或是一秒都不存在，也没有蓝色、红色和黄色，体温和气温也不存在，只剩下人类的感受而已，这些感受和猫完全没有关系。

但是，如果没有黄色或红色，猫就不觉得蒲公英很可爱，玫瑰很美丽吗？

“我说高丽菜啊，妈每天陪你这样散步，还真了不起啊。”

“什么意思也？”

“因为陪你这样随心所欲地散步很累人，可见妈真的很疼爱你。”

“妈？”

“对啊，我的妈妈，也是你的妈妈啊。”

“妈妈……你是说谁也？”

我说不出话。

高丽菜居然已经忘了老妈。

不可能有这种事。不，不可以有这种事。

那天，老妈把高丽菜捡回来时的神情浮现在眼前。有点悲伤，又有点喜悦，但又充满了希望的她；和高丽菜一起看电视的她；抚摸着腿上的高丽菜，直到它睡着的她；最后自己也睡着，和高丽菜一起躺在沙发上的她。每一种神情都很温和平静，令我一阵揪心。

“你真的不记得妈了？”

“那是谁也？”

高丽菜露出“这个人到底在说什么？”的惊讶表情，它果然不记得了。我内心的痛苦更胜于悲伤，高丽菜的天真无邪更衬托出眼前的状况多么残酷。

我在内心深处相信像《忠犬小八》中所描写的，动物永远记得饲主的故事，但是，那只是人类对动物的幻想吗？有朝一日，高丽菜也会忘记我吗？有一天，我也会从高丽菜的世界消失吗？

想到这里，就觉得以前不经意度过的时光变得弥足珍贵。我还可以和高丽菜散步几次？可以吃几次饭？可以和它一起迎接几个早晨的到来？在剩下的时间中，还可以听几次我最爱的那首曲子？还可以喝几次咖啡？还可以说几次“早安”？还可以打几次喷嚏？还可以笑几次？

我以前从来没有思考过这些问题，对父母也一样，对老妈也一样。如果早知道，就会珍惜每一次相处。在我还没有明白这么简单的道理之前，她就从这个世界消失了。

在我三十年的人生中，有没有做过什么真正重要的事？有没有吃过真正想吃的东西？见过想见的人？把重要的话传达给重要的人？

比起打电话给老妈，我更急着打电话给未接的来电号码，拖延了真正重要的事，每天都以眼前并不重要的事为优先。

越是忙于追求眼前的事，就会越失去宝贵的时间，无法做真正重要的事。更可怕的是，我们完全没有发现自己失去了宝贵的时间。其实只要稍微离开时间的长河，停下脚步思考一下，就会立刻知道哪一通电话对自己的人生更重要。

一味追求眼前无数并非真正重要的事物，走到人生的终点附近，才会怨叹这不是自己想要的人生。

我看着高丽菜，高丽菜蜷缩在长椅上。

雪白漂亮的四肢折进了白、黑、灰三色混合得非常漂亮的身体内，形成一个漂亮的圆形。我抚摸着它的身体，感受到它扑通扑通的心跳声。从它熟睡的样子难以想象如此有力的跳动。

据说哺乳类的所有动物一辈子心脏都会跳动二十亿次。

大象可以活五十年，马的寿命是二十年，猫是十年，老鼠是两年，但所有这些动物的心脏都平等地跳完二十亿次后死去。

人类的寿命是有限的。我的心脏跳了二十亿次吗？我体验了二十亿次扑通扑通的心动感觉吗？不，我的心脏跳动的次数还不到一半。我不愿意。不愿意在心脏跳完剩下的十亿次之前就死去。我感受着高丽菜的心跳，产生了这种强烈的想法。即使只剩下半年，或是一个月也无妨，我希望体验完剩下的十亿次心跳后再离开人世。

我开始想象接下来的人生。

恋爱。遇到心爱的人，决定和她结婚。求婚。我感受到扑通扑通的心跳。我的心跳越来越快。扑通扑通、扑通扑通、扑通扑通。十亿零一次、十亿零二次、十亿零三次。婚礼的日子。朋友的祝福。扑通扑通。妻子怀孕，我们欣喜若狂。孩子出生。扑通扑通。孩子学会站立、走路，然后走在街上。矮小的身体跑过我身旁。扑通扑通、扑通扑通、扑通扑通。十亿零九十八次、九十九次、一百次。对未来的想象让我心跳加速，我的心脏在完成它的使命之前，还要跳九亿九千九百九十九万九千九百次，还要跳很多次。

曾经有人说，时间并不是从过去向未来流动，而是从未来流向现在。至今为止的人生，是过去经过现在，向无限的未来前进。但是，当被告知自己的未来有限后，就觉得是未来向我逼近。我走向已经决定的有限未来。

说起来很讽刺，我被宣告来日不多，又被丢进一个没有时间的世界，第一次用自己的意志注视未来。

脑袋右侧又开始隐隐作痛，呼吸越来越困难。

我还不想死，我想活下去。

明天，我又要让某样东西从世界消失。

为了自己的生命，从自己的未来中夺走某样东西。

高丽菜又继续睡了很长时间。小孩子都离开了公园，太阳开始下山时，它才终于醒来。它在长椅上用力伸了懒腰，身体已经伸展到极限，让人看了忍不住为它捏一把冷汗，很想叫它赶快停止。然后，它又花了很长的时间，消化了一个大呵欠，才终于缓缓看向我。

“官人，回家也。”

刚睡醒的高丽菜用有点傲慢的语气说完这句话，跳下长椅，迈开步伐，走下了坡道。

高丽菜走向通往车站方向的商店街，来到位于商店街入口的荞麦面店前，叫了一声："喵啊！（喂！）"面店老板立刻抓了一把柴鱼片走了出来。高丽菜吃完之后，又"喵啊（谢啦）"了一声，再度迈开步伐。

它似乎是商店街上的宠儿，无论走到哪里，都有人向它打招呼。我明明是官人，却好像变成了它的跟班。

唯一的好处，就是多亏了它在商店街上吃得开，让我用便宜的价格买到了蔬菜、鱼和熟菜，享受到意想不到的猫折扣价。

"下次买菜时，一定要带你去。"

我双手拎着满满的购物袋对高丽菜说。

"没问题也，只是拜托你做一些在下爱吃的东西也。"

"平时做的不都是你爱吃的猫饭吗？"

走在前面的高丽菜猛然停下脚步。

"怎么了？"

它似乎因为生气而全身发抖。

"关于这件事……我一直有话要说也。"

"什么？你尽管说。"

"你说的猫饭，那到底是什么东西也！？"

“啊？”

“那根本是人类硬为残羹剩饭取的名字也！”

不知道是否因为气疯了，高丽菜大吼着，不停地用爪子抓着旁边的电线杆。

原来它这么讨厌吃猫饭。当我再度为人类擅自订下的规则深刻反省时，看到我们住的小公寓出现在坡道前方。

回到家后，我和高丽菜一起吃了烤鱼（今天没有给它吃猫饭），然后又沉浸在安静悠闲的时光流逝中。

“我说高丽菜啊——”

“怎么了也？”

“你真的不记得妈了吗？”

“不记得了也。”

“是噢……真伤心。”

“为什么伤心也？”

我无法向高丽菜解释为什么伤心，也无法责怪它已经遗忘，只是很想把内心的想法告诉它。

我起身从衣柜深处拿出纸箱，积满灰尘的纸箱中，有一本胭脂色的相簿。我决定把相簿拿出来给它看。

我希望高丽菜回想起老妈？不，没这个必要，只是想告诉它，它和老妈之间曾经拥有的时光。

在翻阅相簿的同时，我告诉高丽菜很多事。

那是高丽菜最喜欢的古董摇椅。摇啊摇，摇啊摇。坐在老妈腿上摇啊摇的小猫就是高丽菜，就是你啊。那里是你固定的座位。你最喜欢的毛线球，可以玩得欲罢不能。还有那个旧铁皮水桶，经常回过神时，就发现你躲在里面看着老妈。这是你喜欢的浅绿色毛巾。原本是老妈喜欢的毛巾，没想到被你占为己有了。这是老妈在圣诞节送你的玩具小钢琴。啊，这张照片！你在弹钢琴，正弹得不亦乐乎。虽然有点粗暴，但演奏很精彩。还有这棵圣诞树。每年老妈开始装饰圣诞树，你就兴奋得不得了，一下子就把圣诞树弄坏了，老妈总是忙着收拾。你看这张照片，你又扑到树上，弄得乱七八糟。高丽菜，你太捣蛋了，但老妈总是很高兴。

看完这本相簿，又翻开另一本。我不停地对高丽菜说话。

我也说了莴苣的事。莴苣来家里那天下着雨的事。莴苣死后，老妈整个人发呆了很久的事。还有老妈把高丽菜带回来那天的事。之后每天的事。老妈生病的事。高丽菜不发一语地听我说话。

我不时问它："你记得吗？"但高丽菜似乎什么都不记得了，它忘记了所有的一切。

这时，高丽菜的双眼盯着一张照片。

清晨美丽的海岸。照片中，父亲、老妈和我穿着浴衣，老妈坐在轮椅上，高丽菜一脸不悦地坐在她的腿上。我和父亲笑得有点尴尬。我们的笑容难得一见（我们家的男人拍照向来都板着脸），我情不自禁看着那张照片出了神。

"这是谁也？"

不知道是否对父亲很陌生，高丽菜好奇地问。

"这是爸爸啊。"

我冷冷地回答。即使是和猫说话，我也不想提起父亲。

"这是哪里也？"

"我记得是去温泉的时候拍的。"

看着照片上印的日期，发现是妈去世前一星期。

“住院多日的妈突然提出要去温泉。”

“为什么也？”

“我想应该想留下最后的回忆，因为她之前很少旅行。”

不知道为什么，高丽菜看着照片出了神。

“你想起什么了吗？”

“嗯……有点感觉也。”

也许唤醒了高丽菜内心的记忆片段。我想进一步接近高丽菜的记忆，决定告诉它这张照片的事。

那是四年前的事。

那时候，妈的病情已经陷入绝望的状态，每天都不停地呕吐，无法睡觉，痛苦不已。但是，有一天早晨醒来时，她突然对我说：

“我想去可以看到大海的温泉。”

突如其来的提议让我不知所措，接连向她确认了好几次，了解她是否真的想去旅行，但她坚持说要去。因为她之前从来不会提出这么任性的要求，所以我很惊讶。

我设法说服医生同意让妈外出，但还有另一个棘手的问题。

“我想和你、你爸，还有高丽菜，全家一起去旅行。”

妈坚持要我和父亲一起去。

虽然当时妈的病情已经极其严重，但我仍然不看父亲一眼，也不和他说话。多年来弄僵的关系，已经到了无法修复的地步。所以，别说是和父亲一起去温泉旅行，我甚至不想和他说话。只是我很清楚，这可能是妈最后一次旅行，所以，我决定去说服父亲。

“太莫名其妙了。”

父亲一如往常，重复着一成不变的回答。虽然我很受不了他，但还是千方百计说服了他。

这是妈最后一次旅行。我以前从来没带她出门去旅行，所以我决定安排一趟最棒的旅程。搭电车三个小时的海边温泉可以眺望一片远而浅的海岸，在柔和的阳光照射下，各有风情的旅馆林立在海边，是一个美丽的温泉街。

“真希望以后有机会去看看。”

妈每次在杂志上看到那个温泉街都这么说。

我订了一家超高级的旅馆。那家旅馆将屋龄超过一百年的日式房子改建后，成为一家漂亮的旅馆。旅馆只有两个房间，二楼的房间可以眺望大海。露天浴池外就是海岸，可以泡在浴池中欣赏夕阳。我相信母亲一定会很高兴，所以咬了咬牙，预约了那家旅馆。

旅行当天，我们一家人在医生和护士的护送下，踏上了旅程。这是一家三口（外加一只猫）久违的旅行。

电车上，我和父亲在狭小的包厢座位相邻而坐，却没有说几句话。妈笑眯眯地看着我们。沉默持续了三个小时，在忍耐即将达到极限时，车掌在广播中宣布已经抵达温泉了。

我推着妈的轮椅，脚步轻快地走向旅馆。

到了旅馆后，不禁大惊失色。因为旅馆没有帮我们预约，已经有其他客人入住了。

我怒不可遏。这是妈最后一次旅行，居然会遇到这么荒谬的事。

我一再重复自己打电话预约这件事。我平时很少大声说话，那时候忍不住破口大骂，旅馆的老板娘只是不停地道歉，无法解决任何问题。我不知所措，觉得很对不起老妈。

"你不必放在心上。"

老妈笑着说，但我无法原谅自己，无法接受眼前的状况，既觉得自己没用，又不甘心，快要哭出来了。

父亲用他又大又硬的手用力拍了拍我的肩膀。

"绝对不能露宿。"

说完，他突然拔腿跑了起来。父亲突如其来的举动让我错愕不已，我慌忙追了上去。

我和父亲冲进一家又一家旅馆，询问有没有空房。我之前只看过父亲连续好几个小时坐在钟表店内修理钟表的样子，他当时的样子令我惊讶不已。之前他即使来学校参加我的运动会时，也像石头一样坐在那里不动，这是我有生以来第一次看到他跑步。

"你别看你爸爸那样，他以前跑得很快。"

父亲跑步的姿势很优美，和他矮小结实的身材很不相称。我看着他在温泉街上奔跑的背影，想起老妈以前常对我说的话。

因为是旺季的周末，每家旅馆都客满。我和父亲一再遭到拒绝，继续在温泉街上奔跑。有时候我们分头行动，有时候一起拜托。这是老妈最后一次旅行，这将成为她最后的回忆，无论如何都不能让她露宿街头。这也许是我长大之后，第一次和父亲有共同的心愿。

我们跑遍整条温泉街，找遍海边的每一家旅馆，终于找到了空房。天色已经暗了，看不太清楚旅馆的外观，但一眼就看出是一家旧旅馆。走进旅馆，建筑物果然很老旧，每走一步，地板就会发出咯吱咯吱的声音。

“这家旅馆很不错嘛。”

老妈开心地说，我却很难过。想到让她住在这种旅馆，就忍不住一阵心酸。但是，当时也无可奈何。如同父亲所说，我们不可能露宿，于是只好住进那家旅馆。

旅馆虽然老旧，但老板和服务生都很亲切。餐点虽不豪华，却很用心。老妈好几次笑着说：“这里真好”，“食物真好吃”。她的笑容稍微减少了我内心的歉意。

那天晚上，我们一家三口躺成了川字。已经好几十年没有这样躺了。

我看着旧木板的天花板，想起了读小学时住的房子。

那时候住的房子房间不够多，一家三口都在二楼的卧室内躺成川字。二十年后，我们再度这样躺在一起，看着天花板。内心有一种奇妙的感觉。今晚必定是最后一次一家三口躺在一起。想到这里，就辗转难眠。我猜想父亲和老妈也无法入睡，狭小昏暗的房间内，只有高丽菜的均匀呼吸声和海浪声一起此起彼伏。

天色终于微微亮了，差不多四五点了。我掀开被子，坐在窗边的椅子上。拉开窗帘，看向窗外时，我不禁惊讶不已。老旧旅馆的窗外是一片辽阔的大海。昨晚在黑暗中好不容易找到这家旅馆，没想到旅馆前就是大海。

我呆然地眺望着在晨曦笼罩下的梦幻大海好一会儿，父亲和老妈在我身后起床了，回头一看，他们两个人的眼睛下方也都有黑眼圈。我们一家三口都一夜没睡。

“来拍照吧，我喜欢清晨的大海。”

身穿浴衣的老妈看着窗外的大海，向我提议道。

我把还在熟睡的高丽菜放在老妈腿上，帮她拉好浴衣，离开了房间，推着她走向海岸。天色还很昏暗，空气也很寒冷。老妈说要更靠近海边，但轮椅被潮湿沉重的沙子卡住，很难向前进。这时朝阳从海岸线远方渐渐升起，将海面照得闪闪发亮。眼前的景色实在太美了，我们全家人都停下了脚步，目不转睛地看着大海。

“赶快！快拍照！”

听到老妈的话，我才终于回过神，拿出相机，打算和父亲两个轮流拍摄。这时，旅馆的老板走出来说：“要不要我帮你们拍？”我和父亲背对着熠熠闪亮的大海，分别蹲在老妈两侧。好不容易醒来的高丽菜一脸不悦地在老妈腿上用力打着呵欠。

“好，笑一个。”

老板按下了快门。

“谢谢。”

我走过去准备拿相机，老板说：“嗯，再来一张。”

我再度走回老妈身旁蹲了下来。

“笑一笑……好，笑两个！”

当我们听到老板的冷笑话，露出尴尬的笑容时，他按下了快门。

“你有没有想起什么？”

说完最后一次旅行的故事后，我问高丽菜。

“嗯嗯……还是想不起来也。”

“是吗？真遗憾啊。”

我发自内心地感到失望，但这也是无可奈何的事。

“对不起也，我实在想不起来也，不过……”

“不过？”

“我记得当时很幸福也。”

“很幸福？”

“是也。我只记得照片上拍的那个时候很幸福也。”

高丽菜把老妈、父亲、老旧旅馆和大海的事忘得一干二净，只记得“当时很幸福”。

这句话很奇妙。我觉得似乎有哪里不对劲。

我重新看着照片，终于发现了一件事。

老妈并不是自己想要去旅行。

她只是希望我和父亲言归于好。

她只是希望在生命的最后一刻看到我和父亲相处、交谈。

“啊！”我忍不住叫出声音。

为什么之前都没有想到？自从老妈生下我之后，把她生命所有的时间都奉献给父亲和我，怎么可能在最后关头，把时间用在自己身上？老妈直到生命的最后一刻，都把自己的时间用在父亲和我身上。

我被老妈骗了。至今为止，我完全没有发现这件事。我看着照片。父亲在照片中笑得很腼腆，我露出和父亲一模一样的表情腼腆地笑着。

老妈露出无比幸福的笑容。

看着老妈的脸，我内心越来越痛苦。痛苦而悲伤，又觉得自己很窝囊，当我回过神时，发现自己在高丽菜面前流下了眼泪。我没有发出声音，面不改色，只是看着照片，静静地哭泣。

“没问题也？”高丽菜依偎过来，坐在我的腿上。我感受着它的温度，心情渐渐平静下来。

猫太了不起了。平时对我置之不理，当我真正深陷痛苦时，就会陪伴在身旁。

猫的世界没有时间的概念，也不存在“孤独”，只存在“只有自己的时候”和“除了自己以外，还有他人的时候”。只有人类会感到孤独。

我看着老妈的笑容暗想道。

但是，正因为人类会感到孤独，所以才会有“某种感情”。

我摸着高丽菜温暖的身体问：

“高丽菜，你知道什么是爱吗？”

“那是……什么也？”

“猫可能不了解，但人类懂得什么是爱，那就是喜欢某个人、珍惜某个人，想要和某个人在一起的心情。”

“那是美好的感情也？”

“嗯，虽然有时候很麻烦，有时候很碍事，但确确实实是美好的感情。嗯，非常美好的感情。”

没错，我们有名为“爱”的感情。

如果老妈的表情不是爱，那什么是爱？

爱这种麻烦、碍事的人类独特感情和时间非常相似。时间、颜色、温度、孤独和爱，都只存在于人类的世界，在限制人类的同时，也带给人类自由。人之所以能够成为人，就是因为有这些东西。

想到这里，我的耳朵听到了滴答滴答的声音。

我惊讶地看向床边，但还是没有看到时钟。

虽然肉眼看不到，但我仍然可以感受到那里有东西支持着我。

无数滴答滴答的声音就像居住在这个世界上所有人的心跳声。

在秒表上旋转的秒针。

跑完一百公尺的男人的健美身体。

秒针不停地旋转。按下按钮。

按下的是闹钟的按键。

按下按键的小孩子回到床上。

墙上的时钟在小孩子的梦中不停地行走，转眼之间，天就亮了。

朝阳照在钟楼上。

热恋的情人在钟楼下约会。

我快步走过热恋情人的身旁，赶去车站。

看着手表。

然后跳上像往常一样，略微迟到的有轨电车。

我来到一家小型钟表店。

小店内放着无数钟表。

滴答滴答滴答。响亮的声音。时间走动的声音。

我竖耳细听着这个声音良久。

那是我从小听到大的声音。

那是限制我，也同时让我得到自由的声音。

我的心情慢慢平静下来。

那个声音又渐渐地、渐渐地消失了。

“高丽菜，我们来睡觉吧。”

我收好相簿，对高丽菜说。

“喵呜。”高丽菜叫了一声。

“高丽菜，你为什么突然发出猫叫的声音？”

我以为它会回答：“无聊的玩笑也。”但它并没有说，只是不停地喵喵叫。

我有一种不祥的预感。

“你很失望也？”

背后突然传来一个声音。我惊讶地回头一看，发现阿罗哈站在那里。它今天穿了一件印了骷髅头和刀子等可怕图案的黑色夏威夷衫，不怀好意地奸笑着。

“官人马上就要死了也？”

“一点都不好笑。”

“啊呀啊呀，对不起！没想到魔法的效力比我想象中更短。它已经变回普通的猫了！你很失望也？”

“别说了。”

“不过，这也刚好。”

阿罗哈说完，再度不怀好意地笑了起来。那是之前曾经见识过的魔鬼的笑。

不，和之前不太一样。

恶意。这也是人类才有的感情。

“我已经决定了下一个从这个世界消失的东西。”

阿罗哈笑着继续说道。

我有一种不祥的预感。心跳加速，呼吸困难。

想象力。那是人类才具备的能力。

残酷的想象在我的脑海中奔窜。

“不要！”

我忍不住叫了起来。不，不是我发出的叫声，是长得和我一模一样的魔鬼在大叫。

“不要！你是不是很想这样大叫？”

阿罗哈笑着。

“拜托你……不要。”

我哀求着。我跪在地上，无力地哀求着。

然后，魔鬼告诉我。

它要让猫从这个世界消失。

星期五

如果猫从世界消失

它的身体不停地颤抖。

“喵啊。”它痛苦地发出微弱的叫声。

它希望我救它吗？

我无能为力，只能注视着它。

莴苣好几次试图站起来，不知道是否四肢无力，很快又坐了下来。

“它可能不行了。”

我小声嘀咕。

“对，可能真的不行了。”

老妈难过地回答。

莴苣已经有五天整天都在睡觉。

它不再吃它最喜欢的鲔鱼，也不喝水，睡觉的时间越来越长，最后，甚至已经无法站立。

然而，它还是一次又一次试着站起来。

我在宝矿力水特中加了水后喂它，它稍微舔了几口后，摇摇晃晃地站了起来。它已经没有体力站起来，却仍然站了起来。莴苣缓缓抬起它的脚，摇摇晃晃地走到老妈面前，终于倒了下来。

“莴苣！”

我忍不住把它抱了起来。它的身体还很温暖，但已经瘦骨嶙峋，抱在手上没什么分量。它的身体无力地垂着，微微颤抖着。

我可以感受到莴苣正在生死交界处。

恐惧涌上心头，难以理解生命就在我的眼前消失，我的大脑一片混乱，双手发软，慢慢把莴苣放在老妈的腿上。

莴苣躺在老妈的腿上时，喉咙发出咕噜咕噜的声音，然后“喵啊”地叫了一声，似乎知道那里是它专属的位置。

老妈温柔地抚摸它的身体。

静静闭着眼睛的莴苣不再颤抖。

它缓缓地坐了起来，好像顿时注入了生命的力量，睁大眼睛，看着我和老妈。最后，它用力吸了一口气，就不再动弹了。

“莴苣！”

我声声呼唤着它的名字。它一定是睡着了。只要我一次又一次叫它，它就会醒来。

“让它安静吧，它好不容易去了一个不会痛苦的地方。”

老妈说话时，继续抚摸着莴苣的身体。

“是不是很难过？很痛苦？对不起，都不能为你做什么。没关系了，再也不会痛苦了。”

老妈说话时，眼泪扑簌簌地流了下来。

看到老妈的样子，我终于理解了。

莴苣死了。

就好像我以前养的独角仙、螯虾死了之后，就不再动弹了，莴苣也死了。

我呆然地摸着莴苣的身体。

它的身体还有温度。

那时候，我没有看莴苣的身体，也没有看哭泣的老妈，而是看着莴苣的红色皮革项圈。它一次又一次想要把项圈咬断，所以已经变得残破不堪了。

前一刻还成为莴苣身体一部分“活着”的项圈，突然变成了粗糙的红色物体。当我摸着项圈时，突然感受到死亡的真实感，放声大哭起来。

醒来时，发现自己流着眼泪。

天色还很暗。差不多是半夜三点左右。

转头一看，原本应该躺在我身旁的高丽菜不见了。

我慌忙跳了起来，在房间内张望，发现高丽菜身体缩成一团，躺在我的脚下（它的睡相还是那么差）。太好了。高丽菜还在这里。

阿罗哈昨晚提出要让猫从世界上消失，换取我一天的生命。

生命和猫。目前的我无法想象没有高丽菜的人生，老妈去世已经四年，高丽菜总是陪伴在我身旁，无论开心的时候，还是痛苦的时候，都有它的陪伴。我无法让它消失。但是，到底该怎么办？

如果猫从这个世界消失。

一旦猫消失，这个世界得到了什么，又失去了什么？

比方说，如果狗消失，这个世界会变成怎样？大象呢？老鼠呢？鲸鱼呢？鸟呢？

上帝到底是以什么基准挑选出那些动物，让它们在大洪水暴发前搭上诺亚方舟？

在猫消失的世界，老鼠不再有天敌。狗的时代终于来临，凯蒂猫、哆啦A梦和猫巴士都会消失，吾辈不再是猫，而是狗，《今日的猫村小姐》恐怕得改成《今日的犬山小姐》。没想到生活周遭的猫比我们想象中更多。

“人类和猫共同生活了一万年，所以，长时间和猫相处，就会渐渐了解，不是人类饲养猫，只是猫愿意陪伴在人类身旁而已。”

我想起老妈以前常说的话。

高丽菜缩成一团睡着了，我躺在它身旁，端详着它的脸。它熟睡的样子太详和了，完全没有想到自己会从世界消失，好像随时会开口说：“我想吃饭也。”

但是，看着它的睡脸，会觉得它似乎在说：“在下愿意为官人消失也。”

据说只有人类有死亡的概念，在猫的世界，并不存在对死亡的恐惧，所以，人类在饲养猫时，只是单方面地抱有对死亡的恐惧和悲伤。

虽然明知道终有一天，猫将会比自己先死去，猫的死亡将给自己带来极大的悲伤；明知道这种悲伤无可避免，明知道这一天终将来临，但是，人类还是无可救药地饲养猫。

然而，人类也无法为自己的死亡悲伤。死亡只存在于自己的周围，所以，猫的死亡和人类的死亡在本质上是相同的。

想到这里，似乎明白了人类为什么要饲养猫。

人类是为了了解自己无从了解的事——自己的样子、自己的未来，和自己的死，才会和猫在一起。老妈说得对，不是猫需要人类，而是人类需要猫。

想着想着，头的右侧又痛了起来。

我的身体。被死亡支配的渺小身体。无力的我在床上瑟瑟发抖，蜷缩成一团，宛如当时的莴苣，我不由地感到揪心。

头痛越来越严重，我去厨房拿了两颗镇痛药，和水吞下后回到床上，再度陷入深眠。

“决定了吗？”

阿罗哈昨晚问我。

“猫和你的生命，你要怎么选择？”

它露出一脸不怀好意的笑。

“这个问题并不难吧？你不在了之后，也无法疼爱猫了，所以，你几乎没失去什么。”

“可不可以等我一下？”

“你在烦恼吗？”

“再等我一下。”

“好吧，你要在明天做出结论。”

阿罗哈说完，就消失了。

我醒了。窗外已经天亮。早晨了。

我缓缓坐了起来，寻找高丽菜的身影。

不在。

它去了哪里？难道我在半梦半醒中，决定让猫消失了吗？

我巡视室内。高丽菜平时睡觉用的橘色旧毛毯、被啃得只剩一半的老鼠玩具。床下、它最喜欢的书架上、厕所和浴室都不见它的踪影。

高丽菜喜欢狭小的地方。它平时经常躲藏的滚筒式洗衣机内也没有。

窗边。它平时总喜欢跳到窗台上。摇晃的尾巴。睡觉时，后背可以感受到它身体的弧度。不一会儿，就可以听到它呼呼的鼻息，感受到它的温暖。

“喵啊。”我似乎听到隐约的叫声。

“高丽菜……”

我整个人弹起来，穿上拖鞋，冲出门外。

也许在屋前的停车场，可能躲在那辆小厢型车下方。

没有。

我在高丽菜昨天散步的路线上奔跑。

它去了公园吗？

我冲上坡道，来到公园。

它也许坐在那张蓝色油漆些许剥落的长椅上。

没有。

去了荞麦面店吗？可能去吃柴鱼片了。

我转身跑向商店街。

这里也不见它的身影。

“高丽菜！”

我不顾一切地奔跑。

跑啊跑，跑啊跑，喉咙都快喷火，肺部热得好像快烧起来了。

腿上的肌肉痛得好像快撕裂了，视野渐渐模糊。

“妈……”

我一边跑，一边回想起那天的事。

那是同时感受着肉体痛苦和内心痛苦的记忆。

那天的记忆。那是我不愿回想起的记忆。

四年前。

那天，我也一路狂奔。全力跑向医院。

老妈的病情在医院发作了。

那时候，老妈已经在医院住了很久，睡觉的时间越来越长，病情不时严重发作，每次我都赶去医院。

当我赶到医院时，老妈在病床上痛苦地挣扎。她浑身颤抖，一直说“很冷、很冷”。

“妈妈！”

我很害怕。

因为我从来没有看过老妈这样。她总是温柔开朗，总是在一旁支持我，在她身边，我总是感到绝对的安心和安全。想到老妈将离我而去，我太害怕，太悲伤，差点晕厥。

“对不起，对不起。”

老妈好像梦呓般重复这句话。

我难过不已，泪水流了下来。

我双腿发抖，不停地抚摸着老妈的后背。

老妈痛苦地挣扎了一个小时，因为点滴的药物作用陷入了深眠。她的表情很安详，难以想象前一刻的痛苦。也许是因为终于松了一口气，我摇摇晃晃地走向病房的椅子，坐下来后就睡着了。

不知道过了几个小时，当我醒来时，发现老妈开着一盏小灯，正在看书。那是我熟悉的老妈。

“妈，你没事吧？”

“你醒了。对不起，我没事了。”

“太好了。”

“……但是，不知道能撑多久。”

老妈打量着自己的手臂，她的手臂变得异常干瘦。

“我好像和莴苣那时候差不多。”

“别这么说嘛。”

“对噢，对不起。”

夕阳照进病房，平时的夕阳都是橘色的，今天却是鲜艳的粉红色。

病房内放了一张照片，那是坐在轮椅上的老妈、父亲和我在海边拍的，照片上的每个人都露出微笑。

“温泉真好玩。”

“对啊。”

“听到旅馆的房间被订走时，我还担心，不知道会怎么样。”

“那时候我真的慌了。”

“现在回想起来，会觉得很滑稽。”

“对啊。”

“生鱼片真好吃。”

“改天再去吧。”

“好啊，但是，对不起……应该不可能了。”

听到老妈这么说，我无言以对。

老妈说话时没有自谑的态度，也没有悲壮的感觉，只是淡淡地说，“应该不可能了”。我说不出任何话可以消除她充满确信的预感。

“爸没来噢。”

我无法承受眼前的沉默，再度开了口。

“是啊……”

“我叫他来，但他说，等修完表再来。”

“是吗……”

那是老妈一直很珍惜的表。在我的记忆中，那是老妈唯一的手表。仔细想一想，我家是钟表店，老妈竟然只有这只表，实在很奇怪。

“你一直都戴那只表，有什么特别意义吗？”

“那是你爸第一次送我的礼物。”

“原来是这样。”

“那是你爸用他搜集的古董表的零件组装的手表。”

“原来他会做这种事。”

“他会做这种事。”

老妈说完，像少女般笑了起来。

“你爸上个星期来看我时，我说手表不动了，他没有吭气，就带回家了。原来他打算拿回去修理。”

“但没必要偏偏现在修理啊。”

“没关系。你在这里陪我，我当然很高兴，但有时候人会用不同的方式表达内心的爱。”

“是这样吗？”

“就是这样啊。”

聊完这些话，老妈的病情突然恶化，一个小时后就死了。

我打了好几次电话去钟表店，但父亲始终没有出现。

在老妈去世三十分钟后，他才终于赶到医院。

他手上拿着老妈的手表。

那只手表直到最后，都无法修好。

我对父亲破口大骂。

为什么偏偏在这种时候修表?

无论父亲说什么，我都无法理解父亲说的道理。

老妈被送去葬仪社后，病房内病床上铺的白色床单显得特别白。床头柜上放着老妈的手表，那是老妈随时戴在手上的古董表，已经变成老妈身体一部分的这只表已经失去了生命，看起来就像是垃圾。

我突然想起莴苣死去的那天，它脖子上的红色项圈，感到一阵心酸。我很难过，很懊恼，又很害怕，不知道该怎么办。

我慢慢把手表抱在胸前，独自呜咽起来。

那天之后，我没有和父亲说过一句话。

至今我仍然搞不懂父亲和我关系这么僵的原因。

我们一家三口原本感情很好，经常一起出门吃饭，也一起去旅行。

但是，我和父亲之间没有特别的理由，只是经过漫长的岁月，父子关系的根慢慢腐烂了。

因为是家人，觉得出现在自己的生活中理所当然，也深信彼此的感情一辈子都会很融洽，所以，不愿意听对方说什么，一味主张自己的正义。但是，事情并不是这么简单。

家人的关系并非理所当然，必须用心经营。我们只是两个有血缘关系的个体，但是，我们认定对方会体谅自己，认为情况没那么严重，当发现不对劲时，已经无法回头了。

正因为这样，老妈在生病后，我和父亲也很少说话，双方都要求对方接受自己的情况和理由，只想到自己，完全没有为老妈着想。虽然我隐约察觉到老妈整天忙于家事，身体出了状况，却没有带她去看病；我责怪父亲把家事都推到老妈头上，父亲责怪我没有带老妈去看病。

在老妈临终时，我坚持应该陪伴在她身旁，父亲坚持要修好手表。我们在老妈临死之前，都无法走在一起。

我在路上奔跑，漫无目的地奔跑，却不见高丽菜的踪影。

它真的消失了吗？我让高丽菜从这个世界消失了吗？

高丽菜。我再也见不到你了吗？

我再也无法感受你蓬松软毛下的温暖、摇晃的尾巴、厚实的肉球和扑通扑通的心跳吗？

老妈、萬苣，我不想再被你们抛下了。

我难过得流下了眼泪，无助地挥动双手奔跑着，张开嘴巴吐着气，不停地奔跑。跑了很久很久，头开始痛了起来，我倒在地上。冰冷的石板地。我费力地趴在地上。

这片石板地！抬头一看，正是三天前和前女友相约的广场。原来我已经在不知不觉中来到邻町了。我发现自己用全力跑了搭有轨电车需要三十分钟的路程。也许没指望了。冰冷的石板把现实摊在我面前。

我让猫、让高丽菜从这个世界消失了。

“喵啊。”

我隐约听到了叫声，忍不住站了起来。

“喵啊。”我再度听到轻微的叫声。

我跑向声音传来的方向。

这是梦？还是现实？我的脑袋昏昏沉沉，拖着像铅块般的双腿继续奔跑。

“喵啊。”我跑向声音传来的方向。

我发现自己来到一栋红砖建筑物前，是那家电影院。

“喵啊。”

高丽菜在这里。

它坐在电影院的售票柜台上，悠然地伸着懒腰，像往常一样摇着尾巴。

然后，轻盈地纵身一跃，跳到地上。

“喵啊。”

它走向我，缓缓地走来。

我情不自禁抱住了它。

双手充分感受着它的柔软，感受着蓬松软毛下的温度，感受着生命。

“高丽菜……”

我泪流不止，紧紧抱着高丽菜。

高丽菜的喉咙发出咕噜咕噜的声音。

“太好了。”

抬头一看，发现前女友站在我面前。对，她住在这家电影院的楼上。

“高丽菜突然来找我，我吓了一跳。”

“谢谢你，真的太好了。”

“看你又哭得稀里哗啦，你还是那么爱哭。”

她重提往事，让我觉得无地自容，我擦着泪水站了起来。

“我相信这是你妈妈的安排。”

“什么意思？”

这时，她递给我一封信。

那是写给我的信，上面贴了邮票，但没有邮戳。是一封写完之后，却没有寄出的信。

“你妈妈把这封信放在我这里。”

“我妈？”

“对，你妈妈住院时，我去探视她，她交给我这封信。”

我不知道她曾经去探视老妈，所以很惊讶。

“你妈妈说，虽然写了信，最后还是无法寄出。因为她担心一旦寄出去，就再也见不到你了。所以，她对我说，日后当你真的很难过，真的很痛苦时，再把这封信交给你。”

“原来是这样……”

“我当然拒绝了。因为我已经和你分手了，但是，你妈妈说，即使不交给你也没有关系。只要这封信寄放在某个人手中，这样就足够了。今天看到高丽菜来这里，又看到你哭成这样，我就觉得是时候了。”

“是时候了？”

“就是你真的很难过，真的很痛苦的时候。”

“是噢……”

“你妈妈真的很棒，简直就像魔术师。”

说完，她笑了起来。

我坐在电影院休息室的沙发上，把高丽菜放在腿上，小心翼翼地慢慢打开那封信。

“在死之前想做的十件事。”

第一张信纸上用大字（但字迹很漂亮）写着这样几个字。

我不禁失笑。原来我们母子都做了同样的事。我笑着看向第二页。

我的来日不多了。

所以，我决定来想一下在死之前想做的十件事。

想去旅行。想吃美食。想穿漂亮的衣服……写了几项后，我突然产生了质疑。

这真的是我在死之前想做的事吗？

当我重新思考后，发现了一件事。

我在死之前想做的事，都是想为你而做的事。

不知道你未来还有多少年的人生。

在你未来的人生中，一定会有很多痛苦和悲伤的事。

所以，我打算写下你十个优点，代替我“在死之前想做的十件事”。

我希望你了解自己的这些优点，在你未来的人生中感到痛苦和悲伤时，仍然可以积极勇敢地走向明天。

你的优点——

当别人悲伤时，你能够陪着他流泪；

当别人高兴时，你能够和他同乐。

你睡觉的表情很可爱，

笑的时候，脸上有一个小酒窝。

不安的时候，有忍不住摸鼻子的习惯。

个性上，会过度在意周围人。

我感冒时，总是抢着帮忙做家事。

你很容易烦恼，常常为一件事想很久。

但是，在烦恼又烦恼后，你总是能做出正确的答案。

请你在未来的人生路上，记住自己的优点。

因为只要有这些优点，你一定可以幸福，也可以为周围的人带来幸福。

谢谢你为我做的一切，再见。

希望你能够永远保持你的优点。

泪水不停地滴落在信上。

这封信很重要，千万不能弄脏。我这么告诉自己，拼命擦着泪水，但泪水还是不断地滴落，弄湿了手上的信。对老妈的思念和泪水一样不断涌现。

每次我感冒时，老妈总是抚摸我的背。

当我在游乐园迷路哭泣时，老妈跑过来，紧紧抱着我。

当我说想要一个和其他同学一样的花哨便当盒时，老妈去好几家超市找了一整天。

当我睡相不好时，老妈总是为我盖好被子。

老妈总是帮我买衣服，却很少帮自己买。

老妈做的煎蛋卷又甜又好吃。

当我每次吃完后，老妈都会把她的分给我。

我在她生日时，送给她按摩券，但她迟迟不使用，因为觉得“用掉太可惜了”。

老妈买了钢琴，总是弹奏我喜欢的乐曲。

虽然她始终弹不好，每次都在相同的地方弹错。

老妈，你有自己的兴趣爱好吗？你有属于自己的时间吗？

你有想要做的事吗？有对未来的梦想吗？

真希望有机会向你道谢，对你说声“谢谢”，但是，我一句话都不曾对你说。

因为觉得很害臊，所以甚至没有买过一朵花送你。

为什么？为什么我连这么简单的事都无法做到？

为什么那时候我无法想象，老妈有朝一日，会从这个世界消失？

“想要有所得，就必有所失。”

老妈的话在我耳边苏醒。

老妈，我不想死，我很怕死，但是，你说得对。

为了活命而夺走某样东西更加痛苦。

“官人，请你不要再哭也。”

突然传来一个声音。我猛然清醒，发现蜷缩在我腿上的高丽菜看着我。

它突然开口说话把我吓了一跳，但高丽菜很快又接着开了口，制止我说话。

“官人，很简单，在下消失就好也。”

“不行，高丽菜。”

“在下希望官人继续活下来，反正在下是猫，早晚要比官人先走一步。而且，要我活在没有官人的世界太痛苦也。”

活到今天，我做梦都没有想到会因为猫说的话而哭泣，但即使它不会说日文，只会发出“喵啊”或是“咕噜咕噜”的声音，我应该也可以感受到它的心意。原本已经收起的泪水再度流了下来。

“官人，请你不要哭也。和官人之前消除的东西相比，在下太微不足道也。”

“高丽菜，不是你想的那样，事情没那么简单。”

如果猫从这个世界消失。

我曾经那么无知愚蠢，无法想象莴苣、高丽菜和老妈会从这个世界消失。但是，现在我终于了解，这个世界上的东西有其存在的理由，却没有理由让它们消失。

我下定决心，高丽菜一定比任何人更了解我的决心。

高丽菜沉默片刻后，再度开了口。

“……在下能理解官人的心意也。”

“谢谢。”

“那么，最后一件事。”

“最后一件事？”

“请你闭上眼睛吧。”

“怎么回事？”

“别问了，闭上眼睛吧。”

我慢慢闭上眼睛。

老妈从眼前的黑暗中现身了。

好怀念的记忆。那是以往的记忆。

我从小就很爱哭，一哭就哭个不停。

当我哭个不停时，老妈经常对我说：

“你慢慢闭上眼睛。”

“为什么？”

“别问了，你试试看。”

我哭着闭上眼睛。黑暗中，悲伤的旋涡翻腾，不停地在眼前打转。

“有什么感觉？”

“妈妈，我好难过。”

我回答后，慢慢睁开眼睛。

老妈看着我的眼睛，继续说：

“那你笑一笑。”

“我笑不出来。”

“勉强笑一个也没关系。”

我的身心很不协调，迟迟无法顺利露出笑容。即使脸上好不容易挤出了笑容，但内心被悲伤抓在手上，泪水无法停止。

慢慢来，没关系。在老妈的鼓励下，我花了一分钟的时间，勉强挤出了笑容。

“现在你再慢慢闭上眼睛。”

在老妈的要求下，我慢慢闭上了眼睛。

“怎么样？有什么感觉？”

黑暗中，只听到老妈的声音。

我脸上带着勉强的笑容，闭上眼睛时，发现心情很平静，看不到黑色旋涡了。黑暗中，渐渐有乳白色的柔光扩散，好像朝阳渐渐升起。看着那道光，我的内心温暖起来，内心充满温柔。

太厉害了。简直就像老妈在我身上施了魔术。

“怎么样？”

“嗯，我已经没事了。”

“太好了。”

“妈妈，你是怎么办到的？”

“这是秘密。”

“为什么不告诉我？”

“有点像变魔术。如果有一天，当你一个人极度悲伤的时候，一定要努力挤出笑容，然后闭上眼睛，只要多做几次就好了。”

高丽菜让我想起了老妈的魔法。

每次我难过时，都会央求老妈对我施那个超级魔法。

我坐在电影院的沙发上，徐徐闭上眼睛。泪水仍然流个不停，但我努力挤出笑容。

我的内心渐渐温暖，渐渐平静。

老妈的魔法仍然存在。

“妈，谢谢你。”

这是我一直无法说出口，却一直想说的话。

如今，我终于说了出来。

我睁开眼睛。

高丽菜躺在我腿上，喉咙发出咕噜咕噜的声音。

“高丽菜，谢谢你。”

我抚摸着它。

“喵啊。”

高丽菜叫了一声回答我。

“喵啊，喵啊喵啊。”

它不停地叫着。

它似乎努力在向我传达什么，但是，它已经无法再说人话，也听不到它说“在下”“也”和“官人”了。

这次真的要道别了。

“不是人类饲养猫，只是猫愿意陪伴在人类身旁而已。”

我想起了老妈说过的话。

我很庆幸能够在最后关头和高丽菜说话，这或许也是老妈的魔法。

再见，高丽菜，谢谢你陪我到最后。

我坐在昏暗的电影院沙发上发呆了很久。

我抚摸着高丽菜，慢慢重新看了信的内容，看了一次又一次。但是，每次都在最后的部分卡住，好像有一根小刺刺进了胸口。我想问老妈，该怎么解决这根小刺，但老妈已经不在了。

该怎么办？我还有最后一件事要做。

没错，老妈在信的最后还写了一句话。

“请你和你爸一起好好过日子。”

星期六 >>>

星期六

如果我
从世界消失

自己到底幸福？还是不幸？人往往搞不清楚这个问题。

有一件事十分明确。

一念之差可以让自己幸福，也可以让自己不幸。

从这个角度来说，我在这几天内极其幸福，又极其不幸。

早晨醒来时，高丽菜睡在我旁边。

蓬松的感觉。扑通扑通的心跳。

猫并没有从世界上消失。

这代表我将从这个世界消失。

如果我从这个世界消失。

我不禁发挥了想象力。这件事到底有多么不幸？

既然生为人类，每个人终有一死，致死率是百分之一百。从这个角度思考，就无法在死亡和不幸之间画上等号，死到底是幸福还是不幸，和在死之前怎么活有密切关联。

“想要有所得，就必有所失。”

我又想起老妈的话。

我为了活命，让电话、电影和时钟从这个世界消失了。

但是，我无法让猫消失。

可能有人觉得我很愚蠢，竟然为了猫而舍弃自己的生命。

没错，的确很愚蠢，但是，我并不认为为了活命而抢走别人的东西能够幸福，无论是太阳、大海、空气，还是猫都一样，所以，我停止让任何东西从这个世界消失。我用自己的方式，接受了比别人少数十年寿命这件事，然后，我很快就会死了。

昨晚，我和高丽菜回到家时，阿罗哈等候已久。

它仍然穿着花哨的夏威夷衫、短裤，头上挂了一副墨镜。虽然起初对它这身打扮很火大，但现在看到这身打扮，反而感到安心。人的适应能力太可怕了。

“啊哟！你去哪里了？我还以为你被神隐了，差一点去问上帝……开玩笑啦！”

“对不起。”

“……咦？你好像和平时不太一样……你不戗我几句，我都不知道怎么说话了。”

“对不起。”

“……啊哟啊哟，好吧，没关系。那现在就马上让它消失啰。”

阿罗哈指着高丽菜，开心地哼着歌。

“不要。”

“什么？”

“我不要让猫消失。”

“真的假的？”

“真的。”

看到阿罗哈诧异的脸，我觉得很滑稽，忍不住笑了起来。

“有什么好笑的？你快死了，这样没关系吗？”

“没关系。我……不会再让任何东西消失了。”

阿罗哈用尽各种方式试图说服我，但我心意已决。我无法让任何东西从这个世界消失。

“你原本可以活更久、更久。”

阿罗哈终于放弃，语带遗憾地说。

“但如果只是活命，根本没有意义，关键在于如何活。”

阿罗哈听了，沉默了片刻。

“我……又输给上帝了。真搞不懂人类……”

“怎么了？”

“不，没事。我输了。请你去死吧！”

“你说话客气一点。我会去死啦。”

我笑了起来，阿罗哈也跟着笑了。

“但是，要说再见了。”

“是啊。”

“好像有点依依不舍。”

“我也很依依不舍，因为你这个人很有趣。”

“你也是很有趣的魔鬼。”

“别尽挑好听的说。”

“不过……魔鬼平时都是什么打扮？”

“你想知道吗？”

“我想知道。”

“嗯……反正是最后了，就送你一个特大优惠吧。不瞒你说，我是无形的。”

“什么意思？”

“魔鬼存在于你们人类的心中，你们擅自为心中的魔鬼描绘出各种外形，青面獠牙，手上拿着长枪，或是化身龙的外形，有时候又看起来和人类一样。”

“原来是这样。”

“尤其是手拿长枪的造型，真想说饶了我吧，你不觉得……那样子很蠢吗？”

“的确，我一直觉得魔鬼应该不太能接受那个造型。”

“完全不能接受。”

“果然是这样。”

“所以，我目前的样子是你想象的魔鬼样子，你内心的魔鬼一定就是和你长得一样。”

“但打扮和性格完全不一样。”

“是啊，我猜想那就是关键，我想，我就是你可能走过的人生象征。”

“什么意思？”

“就是另一个个性开朗、什么都不烦恼，穿着花哨衣服，想做什么就做什么，完全不在意他人的眼光，想说什么就脱口而出的你。”

“的确和我完全相反。”

“没错。我猜想由你内心无数个小小的后悔、想要这么做、想要那么做，用另一种方式活到今天，就会形成我现在这个样子。这是某种理想，又同时带有魔鬼的性质，虽然想要成为那样的自己，却又无法真的做到，是离自己最近的遥远存在。差不多就是这样吧。”

“我做的决定对吗？”

“请你不要问我。”

“临终的时候会后悔吗？”

“一定会。我还想活下去！想要把魔鬼找回来！你应该会有这种想法。人类总是从自己选择的人生看向自己没有选择的另一种人生，感到羡慕，感到后悔。”

“我能理解这种心情。”

“不过，至少你赚到一件事。脑袋空空的，什么都不想，只是漠然地活在这个世界的生活，和在想象支撑着这个世界无数事物和奇妙架构的基础上，活在这个世界的生活绝对有很大的不同。”

“但我很快就要死了。”

“也许吧，但是，你在生命的最后关头，了解了对自己重要的人和无可取代的事物，也了解到活在这个世界多么美好。在自己生存的世界走了一圈后，重新检视世界时，发现即使只是无聊的日常生活，也是十二分美丽。就冲着这一点，我这一趟也算是没有白来。”

“觉得自己可能活不到明天的人，就会充分把握有限的时间。”

曾经有人说过这句话。

但是，我觉得那是骗人的。

人从意识到自己的死亡那一刻开始，就在回想起无数微小的后悔和无法实现的梦想中，慢慢地在生存的希望和死亡之间取得平衡。

但是，当我获得可以让某些东西从这个世界消失的权利后，发现这种后悔正是一种美，因为这正是我活过的证明。

我不会再让任何东西从这个世界消失。

也许我会在临死之际后悔，为了活命，可以让猫或是任何东西消失。但是，即使如此也无妨，反正我的人生原本就充满后悔。

原以为此生活出了自我，但其实并没有活出自我。

我的人生，终究没有找到自我。

无数的失败和后悔，没有完成的梦想，想见的人，想吃的食物，和想去的地方。我将带着这些无数的东西走向死亡，但是，这也无妨，我觉得现在的自己很好。我很庆幸自己走到了这里，而不是走到不是这里的另一个地方。

在我生命所剩不多的日子里，魔鬼出现在我面前，只要我让某样东西从世界消失，就可以多活一天。这几天的生活实在太奇妙了。

但这就像出现在亚当和夏娃面前的那颗苹果，也许是上帝和魔鬼之间那场豪赌的延伸。上帝想要知道的，并不是从世界上消失的那些东西的价值，而是我身为人类的价值。

上帝从星期一到星期六，创造了世界万物。我曾经让几样东西从这个世界消失，但是，我无法让猫消失，决定让自己消失。明天是星期天，将成为我的安息日。

“我的确直到最后，都在怀疑这个世界，但也因此更加确定。我了解到自己周围的事物、人和时间，这些原本以为理所当然地存在的东西形成了我这个人，也是我之所以能够成为我的原因。”

“那就太好了，有一件事可以确定，你发现了这件事，所以你很幸福。”

“虽然我希望自己可以更早发现。”

“是啊，但是任何人都不知道自己还能活多久，可能只剩下几天，也可能还有好几个月。对所有的人来说，寿命都是未知的。”

“的确是这样。”

“所以，并不存在早晚的问题。”

“你真会说话。”

“对吧？因为是最后，所以特别对你好一点！我该走了，再见。”

阿罗哈一派轻松地道别后，向我使了一个眼色（但还是同时闭上两只眼睛），然后就消失不见了。

“喵啊。”高丽菜落寞地叫了一声。

我开始整理自己的后事，做好赴死的准备。

先整理了房间，决定清掉不必要的东西。

丢人现眼的日记、落伍的衣服、有点情色的DVD、重要的书信、始终舍不得丢弃的前女友照片，都是我人生的片段，曾经出现，随即又消失了。

如果我愿意让这些东西消失，阿罗哈会让我多活几天吗？我的脑海中闪过这个念头，但我并没有后悔，我感受着“不必再让任何东西消失”的极大安心。

我一边整理，一边沉浸在往事的回忆中（高丽菜也不时来捣乱），当我整理完时，已经是傍晚了。

从窗户洒进来的橘色夕阳照亮了放在桌上的金属小盒子。我在衣柜最深处找到这个小盒子，Yoku Moku的旧饼干盒，也是我的宝盒。

我看着盒子，里面有我的宝物。不，在今天之前，我甚至忘记自己有这个盒子，所以，或许已经无法称为我的宝物。

人具有轻易把宝物变成破烂的能力。

无论曾经是多么重要的礼物，多么心爱的书信，美丽的回忆，久而久之，都会变成破烂后遗忘。我也封存了这个宝物，和有关宝物的记忆。

我无法打开那个盒子，决定出门走一走。

走出家门后，我走向葬仪社。

我要去预约自己的葬礼。

位于近郊的葬仪社设在一栋很气派的礼仪堂内，可见身后事的生意很赚钱。

我和葬仪社的业务员（既然是葬礼，称他们为业务员恰当吗？）讨论了生前契约的内容，业务员平静地表示了解我的境遇，然后极其平静地告诉我价格。这是这个行业的人特有的说话方式吗？

从祭坛、棺材、花、骨灰坛、牌位、灵柩车到火葬，总金额为一百五十万。这是埋葬我所需的价格。我为自己的死定了价格，进而详细讨论了塞在尸体鼻孔里的白色棉花，以及在棺材内放干冰等事务性的内容。

为了避免我的尸体腐烂，每天要花八千四百日元买干冰。这件事太滑稽了。无论祭坛、棺材和遗照，任何一样东西都分等级，都设定了详细的价格。没想到死了之后还要被标价，更觉得人类活得太辛苦了。

天然木、合成夹板、加雕刻、类麂皮、涂油漆。棺材价格从五万到一百万不等。

在陈列棺材的昏暗房间内参观时，我想象着自己躺在棺材内的样子。

我的葬礼。

会有什么人来聚集在我的棺材周围？

旧友、前女友、亲戚、老师和同事。

有几个人发自内心地为我的死感到难过？

应该有人为不得不取消约会或工作感到很麻烦。

他们会在我的棺材周围谈论我的人生吗？

他很有趣。那家伙很吊儿郎当。他很容易激怒。他没什么女人缘……

不知道他们会谈论我的哪些往事。

这时，我意识到一件事。我到底曾经带给他们什么？又为他们留下了什么？

我发现我活到今天，都是为了那个我永远无从得知的瞬间。

活了三十年，我第一次意识到这件事。

站在无数棺材前，我第一次意识到这件事。

自己存在的世界，和自己不存在的世界。两者之间所存在的些微差异。

这两者之间所存在的微小的、极其微小的“差异”，正是我人生这些年的“足迹”。

然后，我回到了已经变得十分空荡的家中。

一踏进家门，高丽菜就靠过来喵啊、喵啊地叫，好像在说“在下等很久了也”，似乎觉得我把它独自留在家里太久了。我猜到它会闹脾气，所以赶紧把在商店街鱼店买的鲔鱼放在盘子里。

高丽菜小声地“咪啊！”了一声，八成在说：“不愧是官人，太内行也！”然后低头大口吃鲔鱼。

我趁高丽菜专心吃鲔鱼时，拿起了放在桌上的Yoku Moku的盒子。打量了很久，才终于轻轻打开盒子。

盒子里装着我幼时的梦想。

那是我小时候常常盯着看，越看越难过的长方形梦想。

五彩缤纷的邮票，世界各国各式各样的邮票。

记忆一下子苏醒。

那是和父亲之间的记忆。

小时候，父亲为我买了奥运套票。色彩丰富的小邮票，却让人舍不得用，这种感觉让我难以承受。

父亲经常送我邮票——大邮票、小邮票；日本邮票、外国邮票。父亲沉默寡言，他送我的邮票成为我和他之间唯一的“对话”。很奇妙的是，我觉得自己能够根据父亲送我的邮票种类，知道他目前在想什么。

我读小学时，父亲曾经和朋友一起去欧洲旅行。

他在欧洲寄了明信片给我。明信片很大，上面贴了色彩鲜艳的邮票。那是一只猫正在打呵欠，我忍不住扑哧地笑了起来。因为那只猫长得很像莴苣。那是父亲难得一见的玩笑。我很高兴，把明信片在水里泡了一晚，撕下了邮票。

那天晚上，我无法入睡。

父亲在巴黎街头看到了猫的邮票，用很不流利的法语买了那张邮票和明信片，去附近的咖啡店写信给我。然后贴上邮票，投进黄色邮筒。寄出的明信片被邮差收走，经由巴黎的邮局送到机场，然后搭上飞机，寄到日本，送到我住的城市。光是想象明信片经历的漫长路途，我就心跳不已，久久无法入睡。

我想起来了。我就是因为喜欢这种感觉，所以开始当邮差。

我打量着邮票，五彩缤纷的邮票，世界各国各式各样的邮票。

邮票上的各种人物、各种事物，所有的一切都令人心生爱怜。

那些原本可能因为我而从这个世界消失的东西，也许这些东西消失，世界也不会有什么改变。

但是，每一样东西都支撑着这个世界。

我摸着小纸片，不由地这么想。

贴上邮票后寄给对方，那一定是温暖的气息。传达给别人越多温暖的气息，自己也会感到温暖。随信寄到的心意会把我带到温暖、安静而又幸福的地方。

有朝一日，再度在那里相见吧。

对了，我必须用剩下的时间写信。

沉睡在我内心无数的话语，割爱的致意，无法传达的心意都要如数倾吐，全都凝聚在邮票上。

这些邮票将像花瓣散开，点缀我生命的最后一刻。

把信放进信封，挑选邮票。

庆典。

马。

体操选手。

鸽子。

浮世绘。

海。

钢琴、汽车、舞者、花田、伟人、飞机、瓢虫、沙漠、打呵欠的猫。

生命的最后一刻。我躺在那里，闭上眼睛。

所有的一切都在打转，在我的上方打转。来电铃声响个不停，荧幕上放映着《舞台春秋》，时钟的秒针动了起来。然后，随着“一、二、三”，许许多多的信都飞向空中。

红、蓝、黄、绿、紫、白、粉红。

这些信装在五颜六色的信封中，飞向空中，飞向一片蓝色天空的中央。

然后，我静静地停止呼吸。

面对无数邮票，描绘出极其不幸状况中的极其幸福场景，我独自露出淡淡的微笑。

我现在开始写的信，将成为我的遗书。

但是，我到底该写给谁?

“喵啊。”高丽菜靠了过来。

我决定了。第一封信要写给帮我照顾高丽菜的人。

所以，那个人就是唯一的人选。那个人，是唯一的人选。

内心早就有了答案，只是我一直无法接受。

老妈把高丽菜带回家的那一天，我表示反对。

有朝一日，如果这只猫死了，我担心老妈又会伤心欲绝，又会痛苦不已，又会感受到不必要的悲伤。因为有这些顾虑，所以我反对再度养猫。

但是，父亲的态度和我不同。

“想养就养啊。”

他对老妈说。

“不管是你还是猫，总有一天会死。既然现在已经了解这一点，下一次就没问题了。”

其实我知道，父亲比任何人更担心老妈，而且比任何人更疼爱莴苣，所以我才会以为父亲会最先跳出来反对。

但是，我想错了。父亲说的话都很正确，但我很讨厌他的正确。

既然父亲这么说，我就无话可说了。小猫“喵啊”叫了一声，摇摇晃晃走向父亲。父亲把小猫抱了起来，就好像之前抱莴苣一样。

老妈看在一旁，开心地笑了起来。

父亲看着老妈，有点害羞地说：

“它和莴苣长得一模一样。”

“是不是一模一样？”

“那就叫它高丽菜吧。”

父亲说完，立刻走回钟表店，继续修理钟表，掩饰内心的不好意思。

我开始写信。

这是我第一次，也是最后一次写信给父亲。

这将会是一封很长很长的遗书。

但是，我有很多事情必须告诉父亲。

这几天所发生的奇妙的事。

老妈的事。

高丽菜的事。

还有我一直想要告诉他的事——

关于我的事。

我把白色信纸放在桌上，拿起笔。

然后，写下了第一行。

致父亲——

星期天

再见，这个世界

早晨。

眼前是我刚写完的信。

我没有上厕所，也没有喝水，中途被高丽菜踩了好几次，不断被它打扰，但总算完成了。

我把信装进一个大信封，开始挑选贴在上面的邮票。

Yoku Moku里有无数邮票，五彩缤纷的邮票，世界各国各式各样的邮票。

我挑了一张猫在睡觉的邮票，轻轻贴在信封上。

我带着高丽菜出门。

清晨的空气带着寒意，我慢慢走下坡道，来到附近的邮筒。

眼前的红色邮筒张开大嘴，等待我的遗书。

我马上就会把给父亲的信寄出去。

这封信将送到父亲的手上。

父亲看信后，就会了解我的想法。

这是完美结局。没错，照理说，应该很完美。

只是，我不这么认为。

好像有哪里不对劲。我呆然地看着邮筒张开的大嘴，忍不住有这样的感觉。

下一刹那，我立刻转身抱起高丽菜，冲上坡道。

我匆匆忙忙回到家里，上气不接下气地从衣柜里拿出衣服。

白衬衫外系上条纹领带，然后穿上深灰色的西装。

那是邮差的制服。

我在换制服时，斜眼看着镜子，看着自己在镜中的身影。

身穿邮差制服的自己，和正在修钟表的父亲重叠在一起。

无论长相、声音和动作，都和曾经令我厌恶之至的父亲一模一样。

总是驼着背，坐在桌前修钟表的父亲；在电影院内，当我害怕不已时，用力握着我的手的父亲；买邮票给我的父亲；抱着娇小的高丽菜，一脸喜悦的父亲；在温泉街奔跑的父亲；在老妈葬礼上，一个人躲起来哭的父亲。

那一天。

我离家的那一天。

空空荡荡的房间内，放着Yoku Moku的盒子。

那是父亲放的宝盒。

那时候，父亲向我伸出了手，我只要抓住他的手就好。

就好像小时候，在电影院内抓住他的手一样，只要伸手抓住就好。

老爸——

我一直很想见你，想要见到你，对你说声“对不起”，对你说声“谢谢”，对你说声“再见”。

泪水夺眶而出。

我用制服的袖子擦拭眼泪，把信放进皮包，出了家门。

我咚咚咚地冲下公寓的楼梯，骑上停在楼下的脚踏车，把高丽菜放在车前的篮子里，骑上了坡道。

踏板很重，老旧的脚踏车发出吱吱的声响。脸上都是泪水和汗水，但我仍然骑啊骑，骑啊骑，终于来到坡道的上方。

风吹来。

云渐渐散开，可以感受到春天气息的温暖阳光笼罩着我。

风吹在高丽菜身上，它舒服地发出“喵啊”的声音。

下方是一片湛蓝的海，海湾的另一侧，就是父亲居住的邻町。

我总是在坡道上方看向那里。

虽然近在咫尺，我却始终到不了那里。

我马上就要去了，去住在邻町的父亲家。

我踩着踏板，冲下坡道。

我的速度越来越快，邻町渐渐近了。

〈完〉

忽然，手机从这个世上消失了，你的人生会怎样？

忽然，电影从这个世上消失了，你的人生会怎样？

忽然，时钟从这个世上消失了，你的人生会怎样？

忽然，猫从这个世上消失了，你的人生会怎样？

……

如果，你身边习以为常的事物都一个一个消失了，只剩你自己，你的人生会怎样？

你能看见自己内心的黑洞吗？你能看清自己此生为人的价值吗？

你还能像往常一样迎接明天的来临吗？

上架建议◎畅销|心灵小说

ISBN 978-7-5354-7678-4

定价：42.00元